학교 한번 해 보실래요?

선유중학교 혁신학교 히스토리아

전종호 엮음

창조와 지식

학교 한번 해 보실래요?

초판 1쇄 발행 2021년 8월 1일

지은이_ 전종호 엮음
펴낸이_ 김동명
펴낸곳_ 도서출판 창조와 지식
디자인_ (주)북모아
인쇄처_ (주)북모아

출판등록번호_ 제2018-000027호
주소_ 서울특별시 강북구 덕릉로 144
전화_ 1644-1814
팩스_ 02-2275-8577

ISBN 979-11-6003-336-6 03370

정가 19,000원

학교 한번 해 보실래요?

Contents

여는 글

'꽃이/ 피는 건 힘들어도/ 지는 건 잠깐이더군/ 골고루 쳐다볼 틈 없이/ 님 한번 생각할 틈도 없이/ 잠깐이더군' 하고 시작하는 최영미 시인의 '선운사'라는 시가 있습니다. 목련꽃 아래서 꽃이 피기를 기다려 본 사람은, 그리고 난망한 길 위에 서서 환한 웃음으로 돌아올 아이를 한 번쯤 기다려 본 사람은 그 심정을 충분히 아시리라 짐작합니다.

마찬가지로 비상한 마음을 품고 새로운 학교를 해 본 사람은 학교 하나 바로 세우는 것이 얼마나 지난한 일인지, 힘들게 만들어 놓은 학교가 한순간에 얼마나 쉽게 무너지는지 잘 알 것입니다.

선유중학교 10년은 쉽지 않았습니다. 휴전선 아래 최전선 변방에서 학교혁신의 꿈을 부여잡고 발버둥친 지 8년이 되었습니다. 경쟁과 비교의 욕망을 넘어, 생각하는 교육으로 자기 생각을 세우고 사람과 자연을 사랑하는 태도를 가르치기 위해 노력했습니다. 우리는 '편견을 갖지 않고 경청하기', '긍정적인 변화를 찾아 칭찬하기', '웃으면서 이름 부르기', '믿고 기다려 주기', '공감하며 존중하기'를 '교사의 다짐'으로 삼고, 관행과 나태를 스스로 경계하면서, 인간의 존엄을 바탕으로 한 행복과 평화를 추구하는 교육을 실현하기 위해 노력했습니다.

이제 선유중학교는 새로운 10년을 바라보고 미래의 먼바다를 향해 항해를 계속합니다. 흔들리지 않고, 흔들리더라도 끝까지 포기하지 않고 사랑하는 학생, 존경하는 교사와 학부모와 함께 가겠습니다.

선유중학교 교직원 일동

서장 학교문화의 구조와 혁신전략

전 종 호(교장)

Ⅰ. 연구의 동향

지금까지 교육행정학에서 학교문화에 대한 논의는 경영학에서 발전된 조직문화의 개념을 받아들여 지도성의 하위개념으로 규정해 왔다(박삼철, 2005). 즉, 학교문화의 초기 연구들에서 제안된 개념들은 대체로 학교장의 지도성에 의해 조정되고 통제될 수 있는 지도성의 종속변인으로 개념화되었으며, 이들 사이의 인과관계를 밝혀 학교문화의 조정과 통제를 통한 학교의 효과성 제고를 추구하려는 것이 연구의 주된 관심사였다.

학교지도성의 종속변인으로서의 초기의 학교문화의 개념화 경향은 계속되는 연구와 대안적 이론들의 출현 등에 따라 비판을 받기 시작한다. 예를 들어 주관주의subjectivism)와 비판이론(critical theory) 등 교육행정학의 대안적 이론을 주장하는 연구자들에 의하면, 초기의 학교문화 개념들은 '문화'라는 개념이 가지고 있는 의미를 극히 제한하고 있다고 비판하며, 교육행정학 분야에서도 '문화'라는 용어가 가지고 있는 본래의 의미가 반영될 수 있도록 재개념화해야 한다고 주장한다(Angus, 1995; Bates, 1987). 이렇게 볼 때 문헌에 나타난 학교문화의 개념들은 연구자가 취한 교육행정학의 이론적 배경에 따라 다르게 정의되어왔다고 할 수 있다.

1960년대 이후 교육행정학이 교육행정학의 이론운동(theory movement), Greenfield의 주관주의 이론, 문화적 관점과 비판이론 등으로 구분된다고 한다면(Lakomski & Evers, 1995), 학교문화의 개념은 다음과 같이 3가지로 유형화될 수 있을 것이다. 첫째는 Griffiths 등에 의해 발전된 교육행정 이론의 과학화를 추구하는 이론운동과 관련된 개념이다. 이러한 이론적 배경을 가진 학자들은 학교조직을 사회체제로 인식하며, 경험론적인 측면에서 학교문화를 개념화하고 통계 방법을 동원하여 인과관계를 규명하기 위해 조작적인 정의를 강조한다(Greenfield 1993a; Lakomski & Evers, 1995). 둘째, 조직 내의 다양한 인간행동 및 가치를 설명하고 예측할 수 있는 보편적인 일반이론이 존재한다는 교육행정학의 이론운동을 비판한 Greenfield의 주관주의 이론에 근거한 조직문화의 개념이다. 이러한 관점에 근거한 조직문화의 개념들은 각 학교의 특정한 삶의 방식을 이해하고 서로 다른 사람들이 어떻게 학교를 해석하는가와 관련되어 있다(Greenfield, 1993). 셋째 비판이론에 근거하여 제안되는 조직문화의 개념으로, 이 이론에 근거한 조직문화의 개념은 주관주의적 개념과 유사한 측면도 있으나, 사회의 구조와 행정가의 문화, 교사문화와 학생문화 등 하위문화들 사이의 갈등, 학교 외부 문화의 영향 등 문화정치학적 측면을 강좌는 특성이 있다(Angus, 1995).

서로 다른 교육행정학 이론들에 근거한 학교문화의 개념들은 각각 연구의 목적과 필요성 등에 따라 유용한 측면도 있으나, 다측면적인 조직문화의 특성에 비추어볼 때 학교문화의 특성을 부분적으로 설명하는 제한점도 가지고 있다.

그러나 '문화'라는 개념이 간단하게 정형화 혹은 인식될 수 없는 매우 복잡하며 미묘한 속성을 가진 개념이라는 것에 동의한다면, 그동안 제안된 각각의 개념들은 '양립될 수 없는' 개념들이라기보다는 각각의 개념들 사이를 연결시켜 줄 수 있는 모종의 관련성을 아직 발견하지 못하고 있는 것으로 보아야 할 것이다.

이 연구에서는 특정 이론의 시각에 국한하지 않고 통합적인 의미에서 학교문화를 규정하고자 한다.

Ⅱ. 이론적 배경

1. 학교문화의 개념과 구조

지금까지의 학교문화와 관련된 선행연구들은 (1) 학교에는 문화라고 불릴 수 있는 어떤 현상이 존재하며 (2) 그것은 학교 조직행동과 구성원의 행동 및 발달에 영향을 주고 (3) 따라서 학교의 효과성에 영향을 줄 수 있다는 데 일치된 견해를 보이고 있다(박삼철, 2003).

학교문화는 학교의 생산성에 강력하게 영향을 줄 수 있는 학교 조직 근저에 존재하는 무정형의 사회심리적 현상으로, 학교의 공유되는 규범, 주도적 가치(dominant values), 기본가정이나 신념 등으로 정의할 수 있다. 이 중에서 학교의 비전과 미션, 학교의 목적 등은 학교문화의 가장 핵심적인 부분이며, 성공적이고 효과적인 학교문화는 이것들과 밀접한 관련이 있다.

물론 연구자의 입장에 따라 학교문화를 규정하는 방식과 기능도 다르지만, Schein의 '조직문화의 개념적 모델'에 따르면 하나의 학교 문화로 인식되기 위해서는 공유(sharing), 구조적 안정성(structural stablity) 및 패턴화 또는 통합의 3가지 요소를 가지고 있어야 한다. 즉 조직문화는 구성원들의 상호작용과 학습의 과정을 통해 모든 구성원들에게 공유되는 것이며, 관찰, 혹은 지각될 수 있는 정도에 따라서 쉽게 지각될 수 있는 것에서부터 어려운 부분까지 혹은 인지변형의 수준에 따라 여러 수준으로 구조화되어 있어야 하며, 다양한 문화적 요소들을 함께 묶을 수 있도록 패턴화되어 있어야 한다. Schein은 이 조직문화의 3요소를 전제로 조직문화의 개념적 구조를 가장 피상적인 (1) 조직의 인공물에서 (2) 조직의 고양된 가치 (3) 가장 깊숙한 곳에 놓여 있는 기본가정이란 수준까지 3단계로 개념화하고 있다. 그러나 '기본가정'이란 쉽게 관찰될 수 없는 것이고, 따라서 연구자의 외부적 추상화 결과라는 지적과 함께 (1) 조직의 유형적 상징물 (2) 조직행동 유형(언어, 의례 및 의식, 성공사례 등) (3) 고양되는 가치들(espoused values) (4) 사용 중인 가치들(values in use)로 변형하여 사용하는 것이 바람직하다(박삼철, 2003)고 볼 수 있다.

조직에서 고양되는 가치(espoused values)는 조직행동의 원리를 나타내고 이상적인 환경하에서 무엇을 달성할 수 있는가를 반영하며, 조직의 이상적인 목표이거나 벤치마크의 기능적 속성이 강하다. 반면에 조직에서 사용 중인 가치(values in use)는 조직행위의 가능성, 즉 조직의 실제 능력과 구성원 개개인의 성취 가능한 수준을 반영하고 있다. 왜냐면 사용 중인 가치는 조직구성원들에 의해 오랜 시간 동안 검증되고 사용된, 조직구성원 간에 당연시되는 공유가치들이기 때문이다. 그래서 사용 중인 가치는 조직원들에게 일체감과 소속감, 그리고 조직의 특수성, 계속성을 보여주기 때문에 문화의 핵심요소로 간주될 수 있다. 고양된 가치는 보여주기 위한 가치(showing values)요, 사용 중인 가치는 작동하는 가치(working values)로 고양된 가치가 실제로 얼마나 조직에서 작동되고 있는가가 중요하다고 할 수 있다.

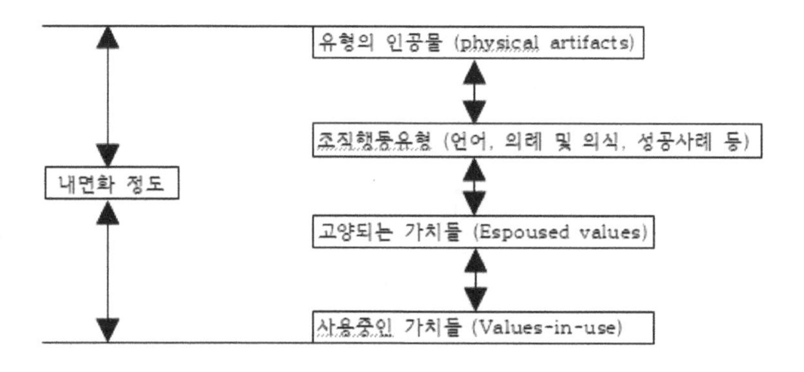

〈그림 1〉 Schein의 조직문화의 개념적 구조

2. 학교문화의 형성 변인

학교문화에 영향을 미치는 변인은 기존의 연구를 통해 탐색해 볼 때 크게 학교조직 행위 변인, 학교조직환경 변인, 그리고 학교조직구조 변인의 세 가지 측면에서 살펴볼 수 있다.

가. 조직행위 변인

조직행위란 조직이 설정한 목표를 최대한으로 달성하기 위해 조직구성원들이 개인적 또는 집단적으로 취하는 행위를 말한다. 학교조직은 교육목적과 교육목표의 달성을 극대화하기 위한 조직행동을 수행하는 데 이런 조직행동은 크게 교육활동과 행정 및 경영활동의 두 가지로 나누어 볼 수 있다. 학교 조직문화 형성에 영향을 미치는 조직행위는 행정 및 경영활동과 관련 있다.

학교 조직문화 형성에 영향을 미치는 조직행위 변인으로는 학교장의 지도성, 학교 구성원간의 인간관계, 학교조직 내 의사소통 채널과 의사결정 방식 등을 들 수 있다. 이 가운데 가장 많은 영향을 미친다고 제시되고 있는 조직행위는 학교장의 비전과 지도성이다. Shein은 지도성을 조직문화 형성과 발전에 관한 일차적인 요인으로 간주하고 공유된 의미의 관리로 파악하였다. 그는 성숙된 조직에서 조직문화의 창조와 관련하여 기존 조직문화를 변화시키고 새로운 형태의 조직문화를 형성시키기 위한 지도자의 능력을 인지와 통찰력, 동기유발과 기술, 정서적인 힘, 문화적인 가정을 변화시킬 수 있는 능력, 관여와 참여의 창출, 심도 있는 비전 등으로 제시하였다. 이 외에도 많은 연구자들이 리더십이 강력하고 건강한 조직문화를 개발하는 데 필수적인 요소라는 사실에 동조하고 있다.

나. 조직환경 변인

학교는 개방체제이며 생존을 위해 학교조직을 둘러싸고 있는 내·외적 환경과 상호 작용한다. Hoy와 Miskel은 환경을 조직의 구조와 활동에 영향을 주는 인과적 요소로 규정하고 교육환경을 일반적 환경과 특수 환경으로 구분하고 있다. 일반적 환경은 교육조직에 간접적으로 또는 잠정적으로 영향을 주는 환경을 말하며, 여기에는 정치구조, 법, 문화적 가치, 경제적 요인, 인구학적 특성 등이 포함된다. 반면에 특수 환경은 교육조직에 직접적으로 또는 즉각적으로 영향을 주는 환경으로 학부모, 교사, 교원단체, 대학, 각종 교육 연구단체 등이 여기에 포함된다.

최근에 많은 연구자들이 조직문화 형성에 있어 조직환경의 중요성에 대해 많은 관심을 가지고 있다. 특히 학교운영위원회, 교원단체, 학교 구성원들의 학교경영 참여도, 지역사회의 호응도 등의 중요성에 대해 많이 언급하고 있다.

다. 조직구조 변인

조직구조는 조직구성원들의 과업을 분업화하고 이들을 조정하는 제 방식의 총합체이다. 학교조직에서 조직구조는 학교를 어떻게 조직하고, 과업을 어떠한 방식으로 분배하며 공식적인 의사결정은 어떠한 과정을 거쳐 이루어지게 할 것인가에 관한 것이다. 또한 학교의 목적을 효과적으로 달성하기 위해 구성원들의 효율적인 과업 수행을 위한 근본적인 수단이라고 볼 수 있다.

특히 감정적인 반응을 공유하게 되는 구성원들의 집합체인 비공식적 조직의 영향력을 강조하고 있다. 학교조직에서 비공식조직은 학교 구성원들에게 심리적으로 안정감을 주고, 집단구성원의 여론형성을 주도하며, 의사소통의 통로가 되어 긍정적인 학교문화를 형성하는 데 일조를 하고 있다. 또한 교원 진용의 안정성은 학교 중심의 개혁을 추진하는 데 결정적인 역할을 하는 긍정적인 학교문화를 형성하는 데 영향을 미친다. 이처럼 다양한 조직구조 변인들이 조직문화 형성에 영향을 미치고 있다. 여기서는 교직원들의 인적 구성, 공식적 조직, 그리고 비공식적 조직 요인을 학교 조직문화 형성에 영향을 미치는 조직구조의 하위 변인으로 선정하였다.

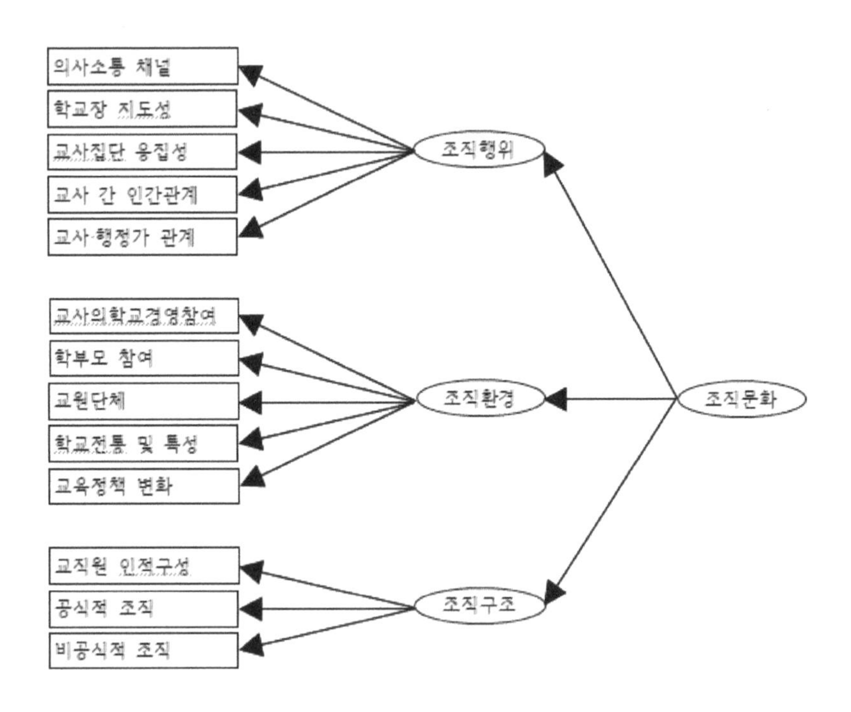

〈그림 2〉 학교문화의 형성변인

Ⅲ. 학교문화의 현실구조

1. 학교의 억압구조

학교의 민주화 진전과 학생인권조례 제정 등으로 최근 학교의 구조가 많이 변화되고 있다. 그러나 몇몇 교육청을 중심으로 혁신적 조치로 제도가 시행되고 있으나 근본적으로 근대화 산물로서의 학교의 기본적인 구조는 여전히 억압적이고 강제적이고 관료적인 구조에 놓여 있다고 할 수 있다.

학교의 억압구조의 핵심에 학교의 규율이 존재하고 있다. 학교 규율이란 학교 구성원인 학생들이 지켜야 할 규칙들을 총칭하는 것으로서, 그 목적은 학교교육의 목적을 효과적으로 달성하기 위하여 학교 조직을 원활하게 운영하는 데 있으며, 보통 '해야 한다', 또는 '해서는 안 된다'는 식으로 기술된다. 학교 규율은 학생이라는 미성년자를 조직구성원으로 하기 때문에 일반조직과는 다른 규칙 형성 과정과 적용 방식, 그리고 규칙 적용 목적을 가진다고 보통 용인되어왔으며, 그러한 용인 속에 학교 규율은 세대가 변하면서 나타난 여러 가지 변화에 따른 규제 항목만이 늘어났을 뿐, 규율에 대한 근본적인 시각의 전환은 이루어지지 않았다(천세영 외, 1999. 6). 학교 규율을 내용상으로 분류하면 복장과 용모에 관한 규율, 교수학습과 관련된 규율, 비도덕적 행위와 관련된 규율, 미성년자에게 적용되는 규율(음주, 흡연, 약물 복용 등), 형법 위반에 관한 규율(절도, 폭력 등), 집단행동에 관한 규율, 출결과 관련된 규율, 학생회 활동에 관련된 규율 등으로 나눌 수 있으며, 학생들이 이러한 규율을 어기는 경우, 그에 대한 조치는 처벌과 징계로서, 훈계에서 학교봉사, 사회봉사, 특별교육, 선도처분까지 받을 수 있다. 또 학생들이 미성숙하다는 이유로 학교 규율이 제정되는 단계에서부터 적용되는 과정에서 이르기까지 학생들의 참여는 제한되어 있다.

이러한 타율적이고 통제적인 학교 규율의 내용과 존재를 정당화하고 강화시켜준 것은 그동안 우리나라 학교를 지배해온 심리학적, 법학적, 경영학적 관점이며, 이 관점들의 공통점이 효율성의 논리라고 할 수 있다. 즉 학교교육의 가장 중요한 목적은 정해진 교육과정을 수행하는 일이고, 많은 학생들이 비좁은 공간에서 짧은 시간 안에 목표된 바의 성취 수준에 도달하기 위해서는 강제적인 지배는 불가피하다, 이를 위해서는 학생들의 자유와 욕구는 억압될 수밖에 없으며, 세계의 안내자인 '완전한 인간' 교사에게는 학생의 규율과 훈육을 위한 권력을 강화시켜 주어야 한다는 것이다.

우리나라 학교는 오랫동안 행동주의 심리학의 지배를 받아 왔다. 심리학계에 수많은 이론과 사조가 부침을 하고 우리 교육계에도 여러 심리학의 사조가 소개되었지만, 교육행정가와 교사 집단에게는 인간은 외부의 자극에 의해 통제된다는 사고가 교육의 전제가 되어 왔다. 학생은 교사의 지시 없이는 움직이지 않으며, 행동은 학생의 성장환경에 의해서, 부모의 양육방식에 의해서 또는 유전적 요소에 의해서 결정된다고 믿고, 학생 스스로 자신의 삶을 통제하고 경영하는 능력을 가지고 있다고 인정하지 않는다. 이러한 교육풍토 속에서 자란 학생은 스스로 주도적인 인간으로 성장하지 못할 뿐만 아니라, 주변의 여건과 사람들의 자극에 대응해서 행동하는 수동적인 인간이 될 수밖에 없으며, 이들을 위해서는 교육이라는 이름으로 외부에서 행동의 지침을 마련해 주어야 한다.

또 학교 규율은 특별권력관계이론이라는 법학이론에 암묵적으로 기초를 두고 있다. 학교는 국가로부터 국민교육의 의무를 위임받은 기관으로서 학생에 대한 보호와 교육을 일차적으로 책임지고 있고, 더불어 학교 밖 사회 구성원들의 공공안전이나 이익을 고려해 내부 구성원들에게 의무 부과와 함께 권리의 제한이 있어야 하며, 이러한 학생의 재학 관계 때문에 학교는 학생에 대해 규율을 정할 수 있는 특별권력관계를 맺고 있다는 것이다. 학생의 미성숙이라는 특수관계를 이용하여 권리를 제한하는 특별권력관계이론은 이미 법조계에서 일반권력관계이론에 의해서 부정되고 있고, 이 이론이 주로 정당화되었던 일본에서조차 폐기되었음에도 불구하고 우리 교육계에 아무런 법적 정당화 없이 상식으로 통용되고 있다. 최근 경기도를 비롯하여 여러 지역에서 학생인권조례가 제정됨으로써 공식적으로 학교에서의 특별권력관계이론의 적용이 배제되었다고 할 수 있으나, 이 문제를 둘러싼 학교 내외의 논란과 심각한 갈등상황은 관례의 벽의 두터움을 반증한다고 할 수 있다.

그러나 조리적으로 학생은 분명히 한 사람의 청소년으로서 헌법이 정하는 바의 자유를 보장받고 있다는 점을 부인할 수 없다. 학생의 이러한 자유는 학문의 자유, 표현의 자유, 집회결사의 자유, 사생활 보호의 자유를 모두 포함하며, 이러한 입장에서 볼 때, 우리나라 학교에 존재하는 수 많은 규율들은 학생의 자유를 침해할 가능성이 높은 것으로 풀이된다.

또 우리 학교조직은 지금까지 인간의 선의와 자발적 능력을 전제로 경영되지 않았다. 인간에 대한 성악설적 견해와 일제가 남긴 우리 민족에 대한 폄하의식이 복합되어 온존해 있었고, 인간은 대부분 공부하고 일하기를 싫어하며, 이런 특성 때문에 조직목표를 달성하려면 구성원들에게 처벌에 대한 위협, 강압· 통제· 지시를 사용해야 한다는 X이론에 근거하여 학교가 경영되었다. 교사들도 무의식적으로 이러한 근거에 기초해서 자신의 수업과 학급을 경영해 왔다고 볼 수 있다.

이러한 조직적, 학문적 배경에 기초해 구축되어 있는 학교규율과 이러한 규율이 학생들에게 적용되는 과정으로서의 훈육은 고도 산업화 시대에 값싸고 순종적인 인력을 배출하고 파시즘과 위계적인 지배구조에 봉사하는 인간을 양성하는데 기여해 왔다. 학생을 훈육하는 과정에서의 사고와 가정은 나아가서 수업체제와 평가체제에까지 이어진다. 한 일반계 고등학교 교사의 말을 들어보자.

"'나이 어린 나는 연세 높은 당신의 영역과 권위에 저항하거나 침범할 의사가 전혀 없다', '나는 우리사회가 만든 장유유서의 권위를 철저히 인정, 수행하겠다'라는 암묵적 서약이 표현되는 행위에 '예의 바르다. 사람 됐다. 겸손한 아이다'라는 평가가 내려지는 구조화된 관념, 더구나 애매한 기준으로 이성이 아닌 감정으로 평가할 때 평가 대상자는 이런 관념 앞에 당당할 수 없지 않을까요. 학생인권을 들먹이거나, 민주학생회를 주장하거나, 또는 편법·불법적 학사운영 내지 억압에 대한 저항을 할 때, 가장 먼저 고려·감수해야할 것은 대화내용의 합리성이 아니라 불행하게도 '고얀 놈', '어른 앞에서...'. '나이도 어린것이'. '싸가지 없는 놈' 등의 거대한 성역입니다. 불의에 대항하는 시민의식이 자신을 인격적 결함이 있는 사람으로 매장하는 요인이 되는 문화 속에서 저항의식은 질식할 수밖에 없습니다. 학생들은 현실적 평가권을 갖고 있는 교사들에게 싸가지 있는 사람으로 평가받기 위해 혹자는 다소곳한 순한 양처럼, 혹자는 이중성을 감추고, 혹자는 마지못해 권위를 인정하게 되며(혹자는 뛰쳐나가기도 하지만) 갈등을 봉합되는 것처럼 보입니다.…… 장(長)과 유(幼)는 차이일 뿐 차별이어선 곤란한 시대가 오고 있는데 어설픈 권위와 관념으로 스스로를 차별시하여 평등을 향해 흐르는 세상의 질서를 타지 못한다면 고립될 수밖에 없을 것입니다. 나이를 불문하고 상대에 대한 관용과 이해와 존경이 전제되지 않는 관계는 무례입니다. 대상이 학생이라고 해서 일방적인 예를 강요하는 틀은 인권에 대한 억압 혹은 유린입니다. 현재 중·고등학교에서 담임의 역할이란 궁극적으로 학생을 통제하는 것에 있습니다. 심지어 담임을 부모와 동일시하는데 주저하지 않으며 위탁받았다고 착각하는 권한을 자연스럽게 휘두릅니다. 스승의 날이면 아직도 군사부일체는 단골 메뉴입니다. 이 나라 단 한 명의 담임도 '학생 통솔을 얼마나 효과적으로 잘하느냐'는 관념 앞에 자유롭기 어렵습니다. 왜냐하면 이것이 우리사회에서 만들어 표준화시킨 담임 상이기 때문입니다. 전체적으로 보편적 시각이 없이 장기간 폐쇄된 집단의 관성이 표준화시킨 이러한 담임 상의 범위 내에서 담임들은 각자의 개성에 따라 혹자는 정으로, 혹자는 완력으로, 혹자는 군대에서 터득한 생존 비결로, 혹자는 무표정하게 찍어누릅니다. 자유와 평등·인권·민주적 절차는 교과서에만 있고 사전에만 있는 단어일 뿐 체험할 수 없으며 과거 정권에서 남북 대치상황을 민주억압과 정권수호에 이용했던 방법과 똑같이 입시준비의 효율성을 빌미로 장유유서의 상명하복만 실재합니다(윤여관, 2001, 111~112)."

이와 같이 우리 학교의 규율과 훈육, 여기에 가정된 인간관은 결과적으로 학생으로 하여금 스스로 무기력을 선택하거나, 자신의 문제를 자신의 가치관에 따라 스스로 처리하는 능력을 가진 주도적인 인간으로 성장하게 하지 못하는 결과를 초래하였다.

학교의 억압적 구조는 학교관료주의와 통제적 규율체제가 작동되는 과정과, 또 이것을 강요하는 학교내·외의 환경적 요소라는 이중적 구조로 구성되어 있다(〈그림 3〉참고). 이와 같은 학교의 억압구조는 학생들뿐만 아니라, 교사들에게도 똑같이 적용된다. 학생들에게 교사는 권력자요, 완전한 인간인 것처럼 보이고, 그렇게 상정되어 있으나, 학교에서의 교사들의 생활구조 역시 학생들과 마찬가지로 주도성(proactvity)을 갖지 못하고 대응적으로 행동하는 미성숙 상태로 남게 한다(Covey. S., 1989, 78.). 학교행정체계와 학교행정가들의 교사에 대한 심리학적 기대나 학교경영철학도 X이론에 기초한 외부통제 중심으로 되어 있고, 교사 자신이 파시즘의 수행자 역할을 하면서 더 큰 사회체제의 파시즘과 학벌주의의 압력을 받고 있다. 학교 규정이 학생들의 사고와 행동을 구속하듯이, 각종 법규와 복무규정 및 승진규정 그리고 감사체계가 교사들의 행동과 사고를 이중 삼중으로 얽어매고 있어 급변하는 사회 흐름에서 학생들의 변화 촉진자(transition figure)로서의 역할을 다하지 못하게 한다.

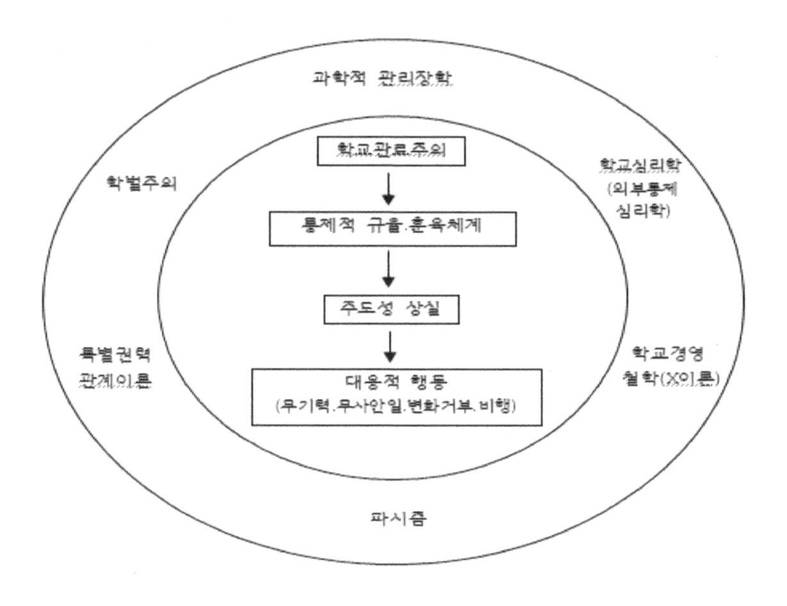

〈그림 3〉 학교의 억압적 생활구조

이러한 학교의 억압적 구조와 통제적 규율체계는 학생들에 대한 교사들의 권력 사용방식에도 영향을 끼친다. 사람들은 누구나 문제가 발생하면 자신의 권력을 어떻게 선택할지 기로에 놓이게 된다(장성민 역, 1999. 36-41). 스스로 무기력을 선택하여 문제 자체를 회피할 것인지, 또는 강력한 문제 해결의 길을 선택하되 강압적 권력을 선택할지, 실리적 권력을 선택할지를 결정해야 하는 것이다. 더 이상 할 수 있는 일이 없다고 생각이 될 때, 다른 가능성에 대해 잘 알지 못할 때, 두려움을 느끼고 상황에 맞서지 못할 때, 또는 과거에 치명적인 학습 실패의 경험이 많을 때 학생들이나 교사들은 무기력(helplessness)을 선택하기도 한다. 무기력이란 자신이 할 수 있는 것이 아무것도 없다고 믿는 것이며 그것으로 인해 새로운 시도조차 하지 않는 것을 말한다. 학습실패가 많은 고등학생이나 무사안일하고 나태한 교사가 이런 행동양식을 선택한다.

우리나라 교사(행정가)들이 가장 손쉽게 선택하는 것이 강압적 권력(coercive power)이다. 교육목표나 방법의 정당성과는 무관하게 무언가를 하지 않으면 안되도록 강제되는 억압적 구조에서 더 이상 다른 방법이 없다고 생각될 때, 요구되는 행동이나 서류의 마감 시간을 지키지 못한다고 생각할 때, 학생들이 교사들의 의견이나 요구를 들어주지 않을 것이라고 생각할 때에 가장 손쉽게 선택할 수 있기 때문이다. 매일 같이 쏟아지는 업무지시 속에서 단기간에 다수의 학생들을 가르치고 통제해야 하는 상황 속에서 군사문화가 몸에 밴 교사들이 아무런 저항 없이 강압적인 리더십을 선택하는 것은 오히려 당연할지도 모른다. 그러나 학생들의 공포 감정에 기초한 이러한 강압적 리더십의 결과는 즉각적인 결과는 얻을 수 있으나 장기적인 긍정적인 결과는 담보할 수 없다. 또한 강압적 리더십에 의존하는 교사는 항상 조급하고 피곤하며, 화가 나 있고 불안하며, 다른 대안이 없다고 생각하며, 즉각적인 효과를 신봉한다. 강압적 리더십은 강제력을 일상화한다는 측면에서 교육적이지 않다.

교사(행정가)들은 때로 강압적인 리더십 대신 협상이란 방식을 선택하기도 한다. 학생들에 대한 요구와 보상을 교환하는 실리적 권력(utility power)은 '너희들이 내 지도에 따라 이렇게 이렇게 해주면 내가 너희들을 위해 무엇 무엇을 해줄게' 하는 식으로 교환에 기초한 리더십이며, 공평한 거래라면 관계가 계속될 수 있으나, 더 좋은 조건이 나타난다면 파기될 위험도 있는 것이다. 적정보상이 권력관계의 핵심이라고 할 수 있다. 실리적 리더십은 공평하고 합리적으로 보이며, 상찬(賞讚)이라는 이름으로 교육적으로 많이 활용되나, 반드시 교육적으로 옳다고 할 수는 없다.

이렇게 볼 때, 우리나라의 교사(행정가)들은 학교를 둘러싼 사회문화적 배경에서뿐만 아니라, 학교 내부의 억압적 생활구조에 따라 강압적 리더십을 주로 하고 실리적 리더십을 보조로 하여 수업이나 생활지도를 하고 있는 것으로 볼 수 있다(〈그림4〉).

이상에서 살펴본 학교의 억압구조와 교사(행정가)의 강압적 권력행사 형태의 가장 큰 문제점은 강제력의 일상화를 악순환시킬 뿐만 아니라 교사 자신과 학생들의 자율성 또는 주도성(proactvity)을 말살시키는 데 있다.

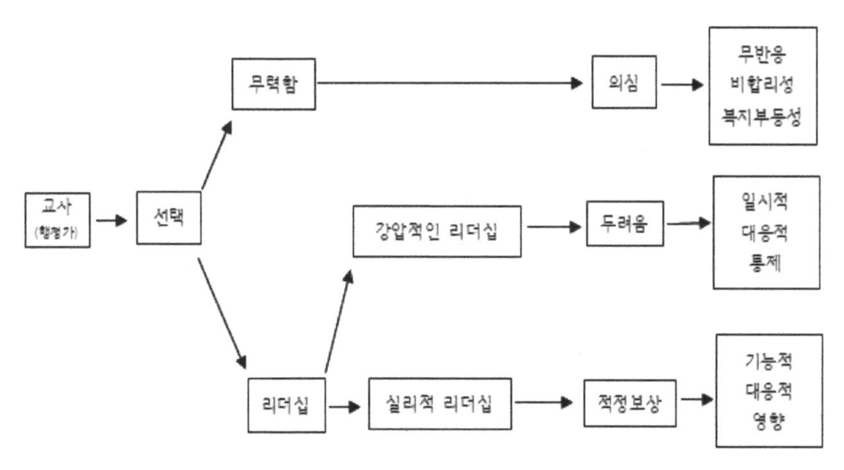

〈그림 4〉 교사의 일상적 권력행사 형태[1)]

2. 교직문화의 현실

1) Blaine Lee의 리더십 과정을 교사에게 적용한 것임

이러한 학교의 억압구조와 타율적 규제는 교사들로 하여금 자율적인 능력을 실험하고 발전시킬 수 있는 기회를 상실하고 피동적 교직수행을 관습화시켰다. 이 결과 교육적 위계가 아닌 관료적 위계가 학교의 의사결정에 중추적인 역할을 하였으며, 교사들의 전문적 의견이 학교의 정책 결정에 반영되지 않는 비민주적인 의사결정구조가 자리잡게 되었다. 따라서 학교의 의사결정구조에서의 교사들의 배제와 이로 인해 배태된 우리 교직문화는 여러 가지 문제점을 보여주고 있다.

첫째, 개인주의적 경향이다. 개인주의의 영향으로 토론을 통해 생산적인 아이디어를 만들고 함께 실천하는 문화가 형성되어 있지 못하다. 학생들의 토론문화를 활성화시키려는 '새 학교문화 창조' 운동이 실패하게 될 수밖에 없었던 중요한 이유 중 하나가 권한을 위임할 줄도, 토론을 통해 문제를 해결할 줄도 모르는 교직문화에 기인했다고 할 수 있다.

둘째, 독립성과 의존성간의 이중성이다. 교사들은 자신의 직무와 관련해서 교장과 동료교사들에게 자율성과 독립성을 요구하는 등 고립주의적 태도를 취하고 있는 반면, 평가나 성과, 급료와 성과급 등 보수 문제와 관련해서는 동료와의 상호관계를 강조하는 이중적 모습을 보이고 있다. 장학과 평가를 위한 수업 참관을 싫어하거나 거부하고, 자기가 선호하는 특정 수업방법을 자유롭게 선택할 수 있기를 바란다. 보수의 과다보다는 타인으로부터 간섭받지 않는 것을 선호한다. 한편으로는 동료 교사들과의 관계에 있어서도 교직이 수평 사회라는 점을 강조하며, 수업에서의 동료의 관여도 배제한다. 교육적 경험의 상호교환은 개인적 친분에 의해 비공식적으로 이루어진다. 이처럼 동

료교사와의 상호교환은 매우 제한적이고 비공식적이다,

셋째, 인간관계와 친교에 있어서 점점 교직사회는 파편화되고 분절화되어 가고 있다. 자신의 수업이나, 학급의 일에만 관심을 가질 뿐 남의 일에는 간섭이나 관여를 하지 않으려는 경향이 대체로 증대되고 있다. 고립주의적 교직문화를 형성하고 촉진하는 요인은 교사들의 고립된 노동환경에서 기인하는 바가 크다. 교직은 다른 직종과 달리 다음과 같은 특징을 갖는다(한숭희, 2000) ① 업무의 고립: 업무를 위한 상호작용의 극소화 ② 인력충원의 고립: 교사자격증 취득의 폐쇄성과 타 직종간의 비교류 ③ 학교의 공통문화 부재: 교사의 잦은 인사이동으로 인한 안정적 문화구조의 불비 ④ 지식공유의 부재 : 학습지도안과 생활지도 경험을 공유하지 않음

넷째, 교직문화의 비본질성이다. 학교와 교직문화가 교사들의 전문성과 공동체성을 강화하도록 기여해야 함에도 불구하고, 우리나라 교직문화는 교사 개인의 성장을 촉진하기보다는 오히려 방해하는 방향으로 작용하고 있다. 비본질적 교직문화는 교사의 삶의 방식을 변질시킨다. 교직사회에서 흔히 볼 수 있는 교사들을 삶의 지향을 기준으로 개인주의형, 승진지향형, 개혁주의형 교사로 유형화할 수 있다.

① 개인주의형 교사 : 수업보다는 취미생활에 더 관심이 많다. 승진을 포기하고 자신의 취미생활과 재산형성에 더 관심을 두고 학생들과도 적당한 거리를 유지한다. 다른 직장에 비해 빠른 퇴근 시간이나 방학은 그들이 즐기는 오락 및 재테크를 위해 대단히 좋은 조건이다.

② 승진지향형 교사 : 교육적 소신이나 학생에 대한 관심보다는

자신의 진로에 주로 관심을 기울인다. 학교행정가나 교육 관료들과의 인간관계를 중시하고 연수제도 및 기타 개혁 조치들을 기득권을 지키기 위해 철저히 무력화시킨다. 주로 인사 고과 점수에 민감하고 대학원 진학이나 교원단체 가입, 연수, 현장 연구나 수업자료 제작 등의 제도도 이와 연관시켜 판단하고 접근한다. 그러나 이들의 연구나 수업자료 제작 또는 이런 제도들이 교육현장의 개선에 기여하는가에 대해서는 의문이 많다.

③ 개혁주의형 교사 : 학교의 부조리나 동료 교사들의 나태함에 분노하고 교육현실을 개선하기 위해 노력한다. 수업과 학급경영에서 나름대로 최선의 노력을 경주한다. 초임시절의 정열과 소신을 잃지 않고 꾸준히 노력하나, 뜻이 같은 교사를 모아 권위주의적 교장과 대립하여 학교 안에서 갈등을 일으키기도 하고, 상급자나 동료들로부터 경원시 된다. 초임 몇 년 동안 개혁 지향적이었던 교사들도 대개 현실에 타협하거나 포기하는 경우가 많다

그러나 이 세 유형의 교사들이 학생들에 대하여 권력을 행사하는 형태를 보면 크게 차이가 난다고 볼 수 없다. 교사 유형에 관계 없이 우리 학교의 억압적 생활구조에서 강압적 권력 행사를 요구받기 때문이다. 그러나 비례적으로 보면 개인주의형 교사나 승진지향형 교사들은 자신들의 목적을 달성하기 위해서는 학생들을 강압적으로 대하고 실리적 권력을 병행한다면, 개혁주의형 교사들은 학생과의 관계를 일차적으로 원칙 중심의 리더십을 발휘하려고 하지만, 이러 권력 행사 방법을 충분히 배우지 못했기 때문에 무조건 온정적이거나 실리적 권력을 행사하기가 쉽다. 그러나 이들의 지향과 학생들과의 현실적 관계

의 격차가 워낙 크기 때문에 개혁주의형 교사들의 업무 스트레스는 누구보다도 크다고 할 수 있다.

현재 학교를 공식적으로 지배하고 있는 것은 승진지향형 교사들이나, 교직문화를 실질적으로 구성하고 있는 교사는 개인주의형 교사들이다. 문제는 개혁주의형 교사들이 이들이 의해 포위되고 있어, 우리 교직문화가 악화가 양화를 구축해 가는 구조라는데 있다. 개인과 조직이 학습하는 분위기를 통해서 교사 개인과 집단이 인간적으로, 그리고 전문직적으로 성장해 가야 함에도 불구하고, 교사들간의 집단적 학습과 협동을 저해하는 풍토가 형성되어 있다. 다시 말해서 우리 교직사회가 너무 관리형 조직으로 굳어 있어 성장형 조직으로 전환되지 못하고 있는 것이다.

우리나라 교사들의 대부분은 우리 교직사회의 자율성 부족을 인식하고 있다. 즉 교사의 과반수인 54.0%가 '외부의 변화에 적극적으로 적응하기보다는 주어진 업무에 주력하는 편'이라고 응답하였고 그 다음으로 '상부의 지시에 순응하는 편이나 학교에서는 교원들이 변화를 주도한다'는 평가가 34.4%로 나타났으며, '외부변화에 둔감하고 무사안일하며 보수적이다'(8.3%)와 '진취적이고 개방적인 편이다'(1.8%)는 평가는 소수로 나타났다(한국교육연구소, 2000).

그러나 교사들은 교직사회를 좌절하게 만드는 가장 중요한 원인으로 근로조건보다는 교원으로서의 전문적 성취와 수업, 평가 등 자기 직무에 대한 통제권의 결여로 인식하고 있다. 즉 '교원들은 전문적 성취감의 결여와 관련하여 가르치는 보람이 적고(23.1%), 학생들을 다루기가 힘들며(15.8%), 자신의 직무와 관련하여 결정권과 통제권이 없는'(14.4%) 것으로 인식하고 있는 것이다.

위에서 볼 수 있는 것처럼, 교사들은 자신의 가르치는 일과 관련하여 전문적 자율권의 부족에 강한 불만을 가지고 있고 이의 개선을 요구하고 있다. 문제는 어떻게 하면, 이들에게 학생들과의 교육적 관계에서 주도성을 되찾게 하고, 또한 학생들에게 주도성을 심어주어 교사-학생의 상호의존적 관계로 승화시키는 방법을 찾아내는가에 달려있다고 할 수 있다.

Ⅳ. 학교문화 혁신 사례 연구

2009년에 경기도에서 혁신학교 제도가 도입되었다. 새로운 시도와 실천으로 우리 교육개혁의 독보적 사례로 평가받는 혁신학교는 이제 타시도로 정책이 크게 확산되고 있다.

먼저 도내에서 비교적 긍정적 평판을 받고 있는 (1) 4개의 학교에서 학교문화를 혁신하기 위해 노력하는 사례를 소개하고, (2) Schein의 조직문화의 개념적 구조에 비추어 각 학교의 학교문화의 내면화의 정도를 탐색하며, (3) 학교문화의 형성변인의 연구모형과 학교의 억압적 구조 모형에 기초하여 기존학교와 혁신학교의 차이점을 비교하고 분석해 보고자 한다. 이 연구는 혁신학교 초기 단계에 집중되어 있는 것이 한계점이다. 학교별로 시행 시기에 있어 차이가 있고 이후 학교별로 혁신학교 이행 정도가 다름을 고려할 필요가 있다.

1. 고양시 덕양중학교 사례

덕양중학교 교육계획서 및 혁신학교 계획서에 나타난 '생산적이고 공동체적인 학교문화 창조'를 하기 위한 전략 내용은 다음과 같다.

가. 학생·학부모·교사가 함께 만드는 생활협약 제정

- 기존에 구성원 협약에 의해 운영된 생활협약에 대한 오랜 논의를 거친 끝에 구성원 모두의 인권을 존중하는 생활협약 제정 및 조인식
- 합의된 생활협약을 지키고 적용하는 과정에서 학생의 참여 보장
- 학생 인권 존중에 대한 교사 내 공감대 확산
- 학생들 스스로 공동체 생활의 질서를 만들어 갈 수 있도록 학생회의 권한 확대

'더불어 사는 삶'을 가꾸는 덕양중학교 공동체 생활 협약서

우리는 더불어 사는 삶을 가꾸는 행복한 배움의 공동체로서의 덕양중학교를 만들기 위해 학생, 교사, 학부모가 주체가 되어 진행한 모든 토론과 공청회 등을 존중하여 다음과 같이 약속합니다.

1. 학생이 학교에서 지켜야 할 일

- 우리는 학교에서 자신의 인권과 개성을 소중히 생각할 뿐만 아니라 다른 사람의 인권과 개성 또한 존중하여 타인 및 공동체에 피해를 끼치는 학교폭력, 흡연, 집단따돌림 등의 행위를 절대 하지 않겠습니다.

- 우리는 다른 학생의 배울 권리와 선생님들의 가르칠 의무를 방해하는 일체의 행동을 하지 않으며 어떤 경우에도 배움을 포기하지 않겠습니다.

- 우리는 학생의 용의 및 복장에 대한 다음의 협의 결과를 지키겠습니다.

● 교복 : 교복은 학교에서 정한 스타일대로 착용하는 것을 권장한다. 다만 꼭 변형을 희망할 경우 남학생의 바지는 무릎 위로 걷어 올릴 수 있어야 하며, 여학생의 치마는 무릎에 닿아야 한다.

● 머리 : 머리는 자유롭게 기르며 자연스러운 파마나 염색도 허용하되 염색의 경우 채도가 높고 화려한 색깔은 피하도록 한다.

● 화장 및 장신구 : 화장은 비비크림, 썬 크림까지 허용하되 써클렌즈를 비롯한 색조화장은 하지 않는다. 장신구는 반지, 목걸이 등은 착용하되 귀걸이를 포함한 일체의 피어싱은 하지 않는다

● 신발 : 신발은 자유롭게 신고 다니되 반드시 실내·외화를 구분하여 착용한다.

※ 복장 및 용의 규정에 대한 최종적인 유권해석은 공동체 생활협약 위원회의 결정을 따른다.

2. 선생님들이 학교에서 지켜야 할 일

- 우리 교사들은 학생들의 배울 권리를 존중하여 가르치는 일에 우선순위를 두고 최선을 다하여 지도하겠습니다.
- 우리 교사들은 학생들의 인권을 존중하여 체벌보다는 대화와 상담을 통해 지도하며 학생 스스로가 공동체 생활협약을 지킬 수 있도록 끝까지 한 학생이라도 포기하지 않겠습니다.

3. 학부모의 약속

- 우리 학부모들은 덕양중의 모든 아이들을 내 아이라 여기며, 위에서 협의된 사항들을 학생들이 반드시 지켜나갈 수 있도록 끝없는 관심과 대화로 지도하겠습니다.

2011년 3월 2일

학생 대표 : 학생회장 0 0 0 (서명)
학부모 대표 : 학부모대표 0 0 0 (서명)
교사 대표 : 생활부장 0 0 0 (서명)
확 인 : 교 장 0 0 0 (서명)

나. 다양한 학급 활동 지원

• 학급 안에서 학생들이 자율적이고 공동체적인 학급을 만들어 갈 수 있도록 지원

다. 학생 동아리 활동 지원

• 학생 스스로 동아리를 구성·기획·운영할 수 있도록 장려

• 동아리 활동 활성화를 위해 학생회 스스로 각종 행사를 만들어 갈 수 있도록 함.

라. 학생회 활동 지원

• 학생들의 자치능력 향상을 위한 간부 수련회 실시

• 학급회의, 학년회의, 학생회의, 전체 학생 총회 개최를 통한 학생들의 의사소통 및 자율적 생활능력 향상

• 학생회가 기획하는 체육대회, 축구대회, 각종 대회 운영

마. 공동체성 함양을 위한 교내 체육대회 운영 지원

바. 심성수련을 통한 학생들의 인간관계 능력 향상

• Y.Q.M.T.(청소년성장훈련프로그램)를 통한 학생의 자기효능감 증진

• 자기효능감 증진을 통한 대인관계 능력의 토대 마련

• 교우간의 관계 개선 효과 기대

사. 친구 사랑의 날 행사

• 정기적인 친구 사랑의 날 행사를 통해 교우간 갈등 해소 및 사랑받고 있다는 자아존중감의 향상을 도모함

아. Wee클래스 운영을 통한 학생 상담 지원체제 구축

• Wee클래스 집단 상담 프로그램 실시

• 치료적 접근이 필요한 학생에게 맞는 심리 치료 프로그램 연계

자. 교직원 워크숍을 통한 교사 공동체 구축

- 학기 초 새학기 교육과정 운영을 위한 교직원 워크숍 실시
- 학기 말 교육과정 평가를 위한 교직원 워크숍 실시
- 각종 현안 중심으로 자유로운 워크숍을 통한 최적의 해답찾기
- 워크숍을 통한 참여와 소통의 학교문화 구축

차. 교사 협의회 운영의 활성화

- 업무관련 협의회, 교과협의회, 담임협의회 등을 통해 생산적인 학교문화 조성

카. 혁신학교 자료집 편찬을 통한 철학과 비전, 업무추진 방식 공유

- 학기 말 각종 자료들을 취합하여 혁신학교 자료집 편찬

2. 파주시 해솔중학교 사례

해솔중학교 교육계획서 및 혁신학교 계획서에 나타난 '생산적이고 공동체적인 학교문화 창조'를 하기 위한 전략 내용은 다음과 같다.

가. 추진 목표

1) 자율적 경영체제 구축
2) 교사 책무성 강화를 통한 민주적 학교 경영
3) 학생 자치역량 강화를 통한 학생자치문화 형성
4) 배려와 소통을 기반으로 한 안전하고 인간적인 학교문화 조성

나. 방침

1) 교직원 워크숍, 혁신학교 워크숍 등을 통하여 혁신학교의 이념

과 목표 공유

2) 교직원 책무성 강화 및 과감한 임파워먼트를 통한 민주적 학교 경영 실현

3) 학생 자치역량 강화를 위한 학생 교육, 다양한 학생회 활동, 민주적 학급 경영 실시

4) 무감독고사 실시를 통한 신뢰를 바탕으로 한 학교 문화를 조성

5) 학생주도의 학교 축제 실시 및 학생의견을 반영한 학생생활규정 제정

6) 처벌보다는 예방교육, 벌점보다는 상점 위주의 학생생활지도를 통한 안전하고 인간적인 학교 문화 조성

다. 주요 내용

1) 자율적 경영체계 구축

가) 학교장 학교 경영 철학 전교직원 공유 : 전 직원 워크숍 실시 (2월, 7월 2회 실시)

나) 해솔정신(Haesol Spirit)의 주창과 전파

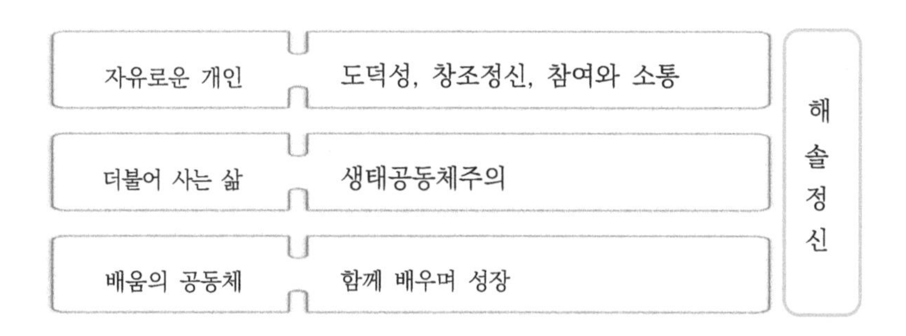

다) 섬김의 리더십(Servant Leadership)

(1) 교장실 축소 운영

(가) 적은 학교 공간과 특수학교 개설로 인한 공간 부족 해결

- 기존의 교장실(1층)을 특수학급 교실로 개조(엘리베이터, 현관, 급식실 등 접근성이 용이함)

- 특수학급 교실 예정지는 다목적 공간으로 활용(소강당, 회의실, 음악교실 등)

- 2층 교무실 옆 반 칸 규모의 수준별 교실을 교장실로 이용

(나) 1인 1분장 시스템 구축

- 수업 중심의 업무 분장

- 교사의 업무 부담 최소화

- 교사 책무성 강화

2) 학생 자치역량 강화를 통한 학생 자치 문화 조성

가) 학생회 조직

나) 학생, 학부모, 교사 협의회 구성

다) 학생 자치 역량 강화 : 생활규정 스스로 만들어 지키기

라) 학생자율문화 만들기

(1) 학생회실 구성

(2) 자율적 학생자치회의 운영(매주 화요일 점심시간, 월 1회 대의원회)

(3) 해솔컵 축구대회, 해솔 피구대회 등 방과후 자율적 실시

(4) 해솔 한마당 축제 기획 운영

(5) 해솔 문화영화 상영

마) 무감독 고사 실시를 통한 학생 자존감 향상

(1) 무감독 고사 실시 목적 및 학교장 경영 철학 연수

(2) 무감독 고사 실시에 따른 부작용의 최소화 방안 마련

3) 배려와 소통을 기반으로 한 안전하고 인간적인 학교문화 조성

가) 해솔 자율 빵 가게 운영

나) 해솔 자율 선도부 운영

(1) 쉬는 시간, 점심 시간 학교내 순찰

(2) 학교내 폭력 예방 및 비행 예방

다) 상점 위주의 상벌점제 운영

(1) 분기별 우수학급, 우수학생 표창

(2) 벌점 만회를 위한 장치 마련

라) 다양하고 특색있는 학급 자치 실천

(1) 담임교사와 함께하는 다양한 아침 시간 운영

(2) 월 2회 학급 자치 시간 운영

(3) 학급별 학부모 면담 주간 운영

(4) 학기별 학급 잔치 실시

3. 용인시 흥덕고등학교 사례

흥덕고등학교 교육계획서 및 혁신학교 계획서에 나타난 '생산적이고 공동체적인 학교문화 창조'를 하기 위한 전략 내용이다.

가. 자율 경영체제 구축
자율경영체제 구축의 핵심은 다음과 같다.
○ 학교비전 설정 및 공유
  - 학교 구성원이 참여하는 학교 헌장 제정
  - 학교 진단 및 혁신 과제 선정 (학교 경영 기본 구상도 수립)
  - 학교 규범과 가치 확립
○ 권한위임(Empowerment)과 민주적 운영체제 구축
○ 변혁적 리더쉽 구축
나. 새로운[생산적] 학교문화 조성
  생산적 학교문화 구축의 핵심은 다음과 같다.
  ○ 안전한 학교, 신뢰받는 학교 조성
  ○ 구성원의 참여와 소통의 기반 형성
  ○ 성찰과 성장을 위한 생산적 학교 문화 조성

새로운 학교를 구성하고 이상과 같은 학교를 만들기 위하여 그동안 홍덕고등학교가 노력한 시행착오 과정을 김주영은 다음과 같이 정리하고 있다(김주영, 2011).

"우리 학교에서는 자율 경영체제 구축을 위하여 '교육적 자존심 회복을 위한 교사 전문성 향상', '원칙과 책임의 학교 행정 구현 및 거버넌스 구축'이라는 중점 과제[2]를 선정하여 운영하고 있다.

교직문화혁신을 위하여 직무규범[3](직무원칙과 직무윤리)를 민주적으로

---

2) 홍덕고 6대중점과제는 '공공성과 수월성을 담보하는 교육과정 운영, 성장동기 함양을 위한 학생 활동의 체계화, 교육적 자존심 회복을 위한 교사 전문성 향상, 돌봄과 배려의 선진형 학생 복지체계 구축, 지역사회의 교육문화 복합 기능 실현, 원칙과 책임의 학교 행정 구현 및 거버넌스 구축'이다.

3) 교직문화 혁신을 위한 직무 규범의 제정 및 교사문화화를 시도하였다음

과 같이 민주적 절차에 의한 직무원칙과 교사공동체 직무윤리를 제정하였다.

- 직무원칙

▶ 원칙과 신뢰
업무는 원칙에 따라 집행하고, 학교구성원은 그 원칙을 신뢰해야 함
▶ 공평과 투명
모든 업무는 공평무사하게 처리하고 그 결과는 투명하게 공개함
▶ 대화와 타협
의사결정 과정에서는 대화와 타협의 원칙을 존중하고, 집행의 과정도 동료성을 발휘하여 협업(協業)함
▶ 소신과 책임
교육활동 기획은 교육자적 양심과 전문가적 소신에 의해 추진하되, 향후 그 결과에 대해서는 책임져야 함

-교사공동체 직무윤리

3행(行) - 수업 및 연구에 전념하기, 상담 많이 하기, 자기성찰 하기
3무(無) - 편애, 무관심, 무책임(준비 안 된 수업, 참여 없는 수업, 소통 없는 수업)

직무규범 제정은 교사가 독주하거나, 교실왕국을 구축하여 학생들과 교실과 수업에서 권위적이 되어 배움과 성장을 제약하는 것을 방지하기 위한 형식이다. 교권과 인권을 동시에 확립하는 일이 참으로 어려운 일이다. 그러나 교사-학생사이에 인간적인 평등관계가 형성되지 않으면 배움이 일어나기 어렵다. 교사가 우위에 선 강요된 배움은 다음 배움이 일어나는데 장애요소로 작용한다. 권위적 기제를 걷어낸 자리에 전문성이 자리잡아야 한다. 이를 위해서는 부단히 교사를 성장시켜야 하는데, 개인적 노력에만 의존하면 안되고 공식적인 시스템속에서 교원을 훈련시켜야 한다. 따라서 본교는 교사의 성장을 위하여 월4회 수요일 오후를 안정적으로 확보해 놓았다. 인문계 고교에서 쉽지 않은 일이라 여겨진다. 4번중 첫 번째 수요일은 학교규범이나 아이들과의 관계에서 생기는 중요한 사안을 결정하는 교직원회의, 두 번째 수요일은 교사전문성 신장연수, 세 번째 수요일은 교사 동아리 워크샵, 네 번째 수요일은 자기성장시간(학회참석 등으로 출장연수 가

제정하고 교사들의 문화 속에 내면화하려는 노력을 하고 있다. 이것은 교사들이 지켜야 할 거의 의무적 규범으로 흥덕고 교사들에게 유형무형으로 큰 영향을 미치고 있다. 학생을 중심에 두고 수업에 대해 언제 어디서나 이야기하며 상호 간에 긍정적 피드백을 주고받는 교사들의 문화는 여기에 기인한 바가 크다. 권한 위임과 민주적 운영 체제 구축의 측면은 교직원 회의의 의결기구화,

---

능, 2011년에는 학년협의회 시간)으로 활용하였는데,이는 매우 적절한 선택이었다고 판단되며, 교사의 성장과 전문성 신장에 많은 도움을 준 것으로 평가된다. 교사전문성 신장연수 시간 운용을 인근학교 교사들과 같이 성장하기 위하여 격주 수요일 18:00부터 연수시간을 배치하여 운용한 것은 본교 교사들에게는 생활의 하중을 크게 부과하였다고 생각된다. 첫해에는 유명강사 초청 강의에 의존하여 혁신학교에 대한 이해를 높이는 쪽으로 노력하였으나, 2011년도부터는 강의만 듣는 방식에서 벗어나 강의와 워크샵을 병행하여 진행하고 있다. 유명한 강사의 강의를 듣는 것보다는 오히려 학교 내 교사들이 실천하거나 연구한 것에 대하여 서로 토론하는 것이 더 효과적이고 실질적이라는 결론에 도달하게 되었기 때문이다. 교육과정에 대한 전문성을 갖추는 것은 가장 중요한 과제이다. 혁신학교 만들기 6개 축 중에서 교육과정의 다양화·특성화가 가장 중요하며, 이를 가능하게 하기위한 것이 생산적인 학교문화이다. 2011년도에는 교사전문성 향상을 위한 워크샵을 위하여 3개의 동아리를 설치하고 의무적으로 한 개의 동아리에 가입하여 활동하고 있다. 수업혁신 동아리, 학생생활문화 연구 동아리, 교육과정 연구동아리가 그것이다. 세 개의 교사동아리중 교육과정 연구 동아리의 활동이 가장 어렵다. 어떤 면에서 교육과정은 그 학교의 문화요, 질서라고 볼 수 있다. 그 학교의 교육과정을 종이쪽지로 본다는 것은 어떤 의미에서 의미가 없을 수 있다. 또한 교육과정과 수업은 분리하여 사고할 수 없다. 따라서 교육과정은 개인의 작업이 아니라, 오랫동안 그 학교 구성원들의 토론과 실천, 경험의 과정을 통한 피드백을 거쳐 만들어지는 과정이므로 최소한 5년은 걸려야 만들어지는 과정이다. 모든 구성원들이 학교의 철학과 목표를 이해하고 교육과정에 녹여낼 수 있어야 한다. 이는 집단적 지성에 의한 지난한 노력의 산물이다. 프로그램과 양으로 측정할 수 있는 성질의 것이 아니다.

의견 수렴 방식의 다양화와 일상화를 통해 상당한 효과를 거두었고 현재도 이 기구는 학교 구성원으로부터 민주적 의사결정 기구로 인정받고 있다고 평가된다.

학교 헌장은 혁신학교 자율경영체제 구축의 중핵으로 일종의 학교에서는 학교에서 가장 상위의 규범이다. 학교헌장은 학교규범으로서의 규정력을 갖는 것은 물론이며, 학교 전반의 시스템에 관통하며 적용되어야 함은 물론이다. 따라서 학교 구성원들의 참여와 소통을 통하여 민주적 절차에 따라 제정하는 작업이 중요하다. 이러한 정신이 본교의 학교경영계획서에 반영되어 있으며, 2010년 창설 멤버들과 2011년 새로이 학교에 전입해온 교사들이 학교경영계획서를 중심으로 흥덕고등학교의 비전 및 가치를 이해하고 있다. 현재의 조건에서 혁신학교 선정 및 추진 과정상 창설 멤버들은 정확한 토론을 통한 합의의 과정이 있다손 치더라도, 혁신학교로 선정된 3월에 전입온 교사들과 2차년도 전입해온 교사들은 학교경영계획서를 중심으로 이해를 공유하고 있을 뿐이다.

이것은 필연적으로 문제를 야기시킨다. 가장 상위 규범인 학교 헌장과 비전을 공동체 조직원 모두가 공유하고 내재화하지 못한 상태에서 각종 규정 등을 제정하여 적용하는 과정에서 개인적인 견해 차이를 발생시키고, 학생지도에서도 많은 견해 차이를 보이게 되는 것이다. 개교 멤버나 2년 차 전입 교사들 간에 서로 사안에 대한 이해가 다른 것도 규범의 공유가 충분하게 되어 있지 않기 때문이라고 판단할 수 있다. 혁신학교의 가치와 비전을 공유하는 토론과정이나 절차가 미흡한 상태에서 묵시적으로 모든 구성원이 안다고 간주하고 학교 운영에 참여하게 하여 빚어진 문제로 보인다.

개교 멤버들의 경우에는 토론을 거쳐 가치를 공유하는 과정을 겪으면서 개인별 차이가 있더라도, 수없이 많은 토론과 마찰 속에서 서로에 대한 이해가 증가하면서 불만이 상쇄되어가는 과정이 있었다. 2년 차 멤버들의 경우는 개교 멤버들이 정해놓은 규범에 따라 학교 운영에 참여하다 보니, 상호토론은 있었으나 다소의 소외감을 느끼며, 실천의 어려움을 호소하고 있다. 또한 학교규범을 정하고 하위 규정을 정하여 학교에 적용해보면, 일정 정도 시간이 지나면 '당위적'인 면과 '현실적'인 면에는 괴리가 생길 수 있다. 2011년도에는 업무의 폭주와 아이들과의 일상 속에서 정확히 토론되고, 그 국면에서 정리되지 못하고 시간이 흘러 여름방학까지 와버린 감이 있다. 그러나 이것은 시간 부족과 업무의 폭주라는 현실적 제약이 있어도 가장 중요하게 다루어야 하는 주제이자 과정이다.

민주적 운영 체제 구축과 관련하여서는 교직원회의[4]의 형식과 절차를 좀 더 정교하게 할 필요가 있다. 첫해에는 회의 현안을 다루려면 미리 해당부서에서 안건을 전체 공지하여 각자가 안건에 대해 고민할 기회가 있었다. 그

---

4) 교직원회의의 문제가 제기되었는데, 학교의 최고의사결정기구의 문제에 속한다. 의사결정이 민주적 절차에 의하여 되는 것도 중요하지만, 최고의사결정기구의 장이 누가 되는가도 대단히 중요한 문제이다. 현재까지는 교육혁신부장이나 교무기획부장이 사회를 보고, 토론의 말미에 학교장의 의견을 물어 결정하는 것으로 진행되어 왔다. 학교장의 결정권한을 존중하는 기존의 문화를 어느 정도는 답습하고 있는 것이다. 그러나 교직원회의가 학교단위의 최고의사결정의 기구로 되어야 하며, 교직원회의의 의장은 교직원회의에서 선출하는 것이 맞는 개념으로 보아야 한다. 이 의결기구 방식에 부담을 느낀다면 교장, 교감을 제외한 평교사협의회를 생각해보는 방안이 있을 수 있다. 평교사협의회 의장을 민주적으로 선출하고, 안건토론하고, 결정하면 교장과 대등하게 협의하여 학교운영을 결정하는 방식이다. 아무리 민주적이고 내부형 공모제 교장이 있는 학교라고 하여도, 민주적 의사결정을 시스템화시키는 것은 교사의 자발성 발현과 공동체성의 유지, 그리고 지속성이라는 측면에서도 불편하지만 반드시 필요하다.

런데 학교 업무도 바쁘고 처리할 일이 많아지면서 안건에 대한 치열한 토론이 되지 못하고 개략 설명을 하고 전체 추인을 받는 절차로 중요한 사안들이 결정되는 현상이 나타났다. 이러한 사례가 반복됨에 따라 절차를 따라야 함에도 불구하고, 모두가 당연히 합의할 수 있다고 짐작하고 두 번째 해에도 학교운영과 관련한 중요한 안건을 다루는 회의가 토론이 많이 생략된 채 가부를 묻는 형식으로 흐르고 말았다. 그 결과 교직원 회의가 전달을 위한 것도 아니고, 안건 결정을 위한 것도 아닌 어정쩡한 형태가 되었고 구성원들이 회의를 통해 자신의 의사를 표현하고 규범화시키는 과정이 미흡한 상태가 되었다. 회의의 규정력이 생겨야 학교 구성원들에게 자신의 입장과는 상관없이 결정된 결과가 모든 영역에서 행동으로 이어지는 결과를 가져오는데 2011년도에는 그렇지 못한 문제가 발생된 것이다. 학교 운영을 위한 전달 회의와 중요한 안건을 결정하기 위한 교직원 총회가 구분되어야 했던 것이다.

권한 위임의 측면에서 전제되어야 할 것은 적어도 학교의 핵심 멤버와 전체 구성원들이 학교의 비전과 가치를 내면화하고 자신의 행동반경을 선택할 수 있는 능력이 있어야 한다는 점이다. 이와 같은 전제 없이 권한 위임을 할 경우에는 민주적 방종으로 흐를 가능성이 높고, 가치와 비전을 실현하는 장치들을 시스템적으로 선택하지 못하고 각자가 선택하게 되어 너무 프로그램이 많아 과부하가 걸리거나 전체 시스템이 작동하는데 섞이지 못하는 엉뚱한 프로그램이 작용하게 된다.

변혁적 리더십의 구축과 관련하여서는 리더십의 성격부터 규정해야 할 것이다. 리더십이란 지도자 개인으로부터 나오는 것이 아니라 구성원들의 민주적 참여를 통한 집단지성의 발현으로 형성되는 것이라는 관점을 분명히 할 필요가 있다.

본교는 학교 구성원들이 시스템적 사고[5]가 부족한 상태에서 학교 운영

---

5) 시스템적 사고와 관련하여 이 개념을 명확히 하기 위해서는 '학습 조직'이 무엇인지를 아는 것이 필요하다. '학습 조직'에 대해서는 [첨부자료 1]을

에 참여하면서 6개 혁신 운영의 축이 제대로 작동되지 않는 가운데서 학교장의 헌신적이고 봉사적인 리더십이 작용하는 측면이 강하였다. 이 리더십은 구성원들의 자발성과 헌신성을 발휘하게는 하였으나 시간이 흐르면서 문제 해결이 시스템적으로 되지 않고 구성원들의 헌신성에 보다 많이 의존하게 되어 구성원들의 피로도가 누적되어 가는 경향을 보이게 되었다. 이를 통해 볼 때 시스템적 결정을 할 것은 시스템적으로, 개인의 존중과 헌신으로 처리할 사항은 개인의 자율적 범위내의 헌신성으로 처리하는 것이 필요할 것 같다.

마지막으로 계속 언급된 시스템과 관련하여 한 가지 예를 들어보고자 한다. 개교 첫해 소수 인원일 때는 맥주 모임을 가지며 이야기하고 함께 가자는 것이 통했다. 이것은 감성적 소통의 단계만 가동되더라도 모든 소통을 할 수 있는 규모이어서 전체 소통에도 문제가 생기지 않는다. 그런데 첫해 13명의 구성원에서 2년 차에는 40여 명으로 인원도 늘고 여러 문제도 더 발생한다. 이런 경우에는 감성적 소통으로는 한계가 존재한다. '모든 교사가 수업 개방하며 동료성을 확보한다.'라고 교직원총회에서 치열하게 토론하고 정했다면, 그것은 모든 구성원들에게 적용되는 규정이 되며, 그 학교 구성원이라면 싫으나 좋으나 따라야 한다는 것이 시스템적 소통이다. 수업에 어려움을 겪는 교사를 배려하여, 공개의 범위를 줄여주는 등의 조치를 취하는 것이 감성적 소통이라고 볼 수 있다. 물론 시스템적 소통과 감성적 소통이 적절하게 구분하여 사용되는 조직이 좋은 조직임에는 틀림없다.

생산적 학교문화 조성은 혁신학교 만들기의 6개의 운영축(혁신학교 초기) 중에서 가장 중요한 축이다. 우리 학교에서는 생산적 학교 문화 조성을 위하여 '성장 동기 함양을 위한 학생활동의 체계화'와 '원칙과 책임의 학교 행정 구현 및 거버넌스 구축'이라는 중점 과제를 선정하여 운영하고 있다.

학생과 관련해서는 돌봄과 치유의 관계 맺기를 기본으로 학습 부진 학생에 대한 일상적, 정서적 보살핌을 전체 교사가 수행하는 문화가 근저에 있

참고하면 된다.

고 전문 상담 교사를 통한 심리 케어와 코칭을 진행하고 있다. 이러한 분위기가 학생들의 교사에 대한 신뢰감 구축과 학교에 대한 애정을 키우는 것은 확실하다. 또한 학생 자치 활동이 학교장에 대하여 학교정책 청문권을 갖는 등 활성화되어 있고 학교 홈페이지 자유게시판을 통해 익명으로 저마다 자신의 의견을 개진하고 있으며, 서로 간에 토론이 활발하다. 각종 동아리 활동을 적극 지원하고 동아리 활동비 배정 등 학교가 적극적 지원을 하고 있다. 더불어 학생 안전망을 구축하기 위해 인권교육 프로그램을 시행하고, 학교 폭력 예방 및 갈등관리 프로그램을 운영하며, 공동체 행사 참여와 체험활동을 통한 인성교육을 강화하였다. 월드 비전 기아 체험 같은 감수성 신장을 위한 사회 참여 프로그램, 인문학 특강, 자연과학 특강, 진로 특강 등의 활동을 통해 학생들이 자신의 진로를 스스로 고민하고 계획하며 3년에 걸치는 과정에 걸쳐 자신들의 포트폴리오를 작성하도록 하고 있다.

교사 문화와 관련해서는 교직원 회의에서 민주적으로 의사결정이 되는 구조를 갖고 있어 교사들이 자유롭게 자신의 의사를 개진하고 그것이 합리적이면 바로 반영되는 시스템이 운영되고 있다.

그러나 그런 반면에 학교에서 학생들과 일상적으로 부딪히는 일들은 여러 가지 시사점을 던져준다. 학생 생활문화의 근간은 규범과 존중이다. 그리고 규범과 존중의 문화를 창출하여 시스템화시키는 일이 중심 키워드이다. 그러나 학생 생활문화 창출과 관련하여서는 2010년 첫해에는 입학생이 131명으로서 많은 인원이 아니고, 중학교 졸업 때까지 상처를 많이 받은 학생들이 많고, 학교를 출석하지 않고 많은 시일동안 결석을 하며 학교 밖에서 머문 학생들이 많아서, 규범 세우기와 학생 존중하기의 동등한 비율을 깨고, 학생을 존중하며 퇴학 없는 학생 생활문화 창출을 기조로 설정하고 출발하였다. 처음에는 학생생활권리 규정이 없어서 지침 수준만 마련해 놓은 채 학생들과 토론하여 5월 말에서야 최초로 학생생활권리 규정을 제정하게 되었다. 개교 이래 사랑과 존중으로 학생들을 믿고 기다려왔지만 그런 교사들의 노력을 비웃기라도 하는 듯 학생생활지도와 관련하여서는 계속 어려운 상황이 벌어졌고, 생활 규정을 제정하는 민주적 제정과정에서도 민주성이 담보되지 못하고 힘 있는 소수 학생들에 의해 왜곡되는 과정이 있었으며, 민주적 토론을 훈련받지 못한 학생들의 토론 미숙으로 많은 어려움을 겪었다. 우여곡절 끝에 자신들이 참여하여 제정한 규정을 가지고 학생들을 지도하게 되었지만 두 달여를 적용해본 결과, 학교 규범이 세워지기는커녕 사랑과 존중을 비웃듯 몇 가지 중요한 생활규범을 제정하여 공표하였음에도 자신들 마음대로 하는 학생들은 계속해서 자신의 길만을 가고 있었다. 그리하여 개교하고 1학기가 끝날 무렵에 경계세우기[규범확립] 강화에 대한 교사토론회가 벌어졌고, 2학기 초에 최소한의 룰을 어기면 더 이상 홍덕고에 다닐 수 없음을 천명하게 되었다. 모두가 함께가는 생활문화 창출에서 다수의 선량한 학생을 중심으로 하는 생활문화 창출 방향으로 중심 기조를 변경하게 된다. 2010년 여름 방학을 전후로 하여 교사들과 학부모에게 상당한 아픔을 남기며 10여명의 학생들이 학교를 떠나게 되었으며, 그런 과정을 통하여 학생들 사이에서도 일정 정도 룰이 형성되게 되었다. 어떤 형태로든 고등학교라도 졸업시켜야 한다는 상황에 처한 학부모들의 절절한 마음이 무척 가슴에 남는 2학기였다.

우리는 이러한 일련의 상황을 통해, 규범은 지켜야 하는 것이며, 안 지킬 경우에는 처벌을 하는 것이 맞고, 그렇게 해야 규범이 지켜지고 확립된다는 사실을 알게 되었다. 아주 정교한 행동수칙을 만들어 지키게 하자는 의견도 나왔다. 규범은 잘게 쪼개면 행동수칙이 되는 것이다. 그리고 규범의 확립은 규범을 어겼을 때 제대로 제재할 수 있는 공동체에서만 확립될 수 있다는 가슴 아프지만 소중한 결론을 얻었다.

학교문화에서 집단적 지성의 발현의 중요성을 모르는 사람은 아무도 없다. 성찰과 성장을 위한 생산적 학교 문화 조성을 위한 교사들의 집단적 지성이 발현되지 못 하고 있는 근본적인 이유에 대해 고민하게 되었다. 학생생활 지도가 어렵고 많은 시간을 빼앗는 것은 확실하나 이것이 전부는 아니다.

이유를 몇 가지 정리해 보자면 다음과 같다.

① 비전과 가치에 대한 합의 과정과 학교 구성원의 내면화 미흡 ② 학교의 학습 조직화 달성 미흡 ③ 시스템적 사고에 대한 이해의 부족 ④ 민주적 토론문화 미흡 ⑤ 혁신학교의 기본 개념 습득 미흡

교사들이 연수도 많이 받고 토론도 많이 했지만, 근본적으로는 위와 같은 사항에 있어서 이해가 미흡하거나 생각의 불일치가 존재하고 있는 것을 발견할 수 있었다. 그리고 비전과 가치의 공유과정이 얼마나 중요한지에 대하여 다시금 돌이켜 보는 계기가 되고 있다. 그리고 그것을 확립하기 위한 학생, 교사, 학생이 지켜야 할 규범의 확립, 시스템적 사고의 중요성, 헌신적 리더십도 중요하지만 시스템적 리더십의 절실한 필요, 아직까지도 혁신학교 철학과 개념에 대한 이해와 6개 운영시스템에 대한 이해의 심도를 높이는 것뿐만 아니라 운영시스템의 상호관계에 대한 정확한 이해가 무척 필요하다는 생각이 든다."

4. 파주시 선유중학교 사례

선유중학교의 사례연구는 2014년도 학교 컨설팅 결과를 바탕으로 작성하였다. 선유중학교의 당면과제는 아래와 같다.

○ 가정환경의 결손적 영향으로 학생과 학부모들을 학습에 효과적으로 참여시키는 문제

○ 신설 학교로서 안정적인 교육적, 혁신적 하드웨어 및 창조적 교직문화를 건설하는 문제

○ 다양한 의사소통 방법의 훈련으로 참여적인 소통문화 정착

○ 창의지성교육과정의 확산으로 배움이 일어나는 살아있는 교실

소통 문화 형성

○ 학생자치회의 활성화로 자율적인 학생문화 실현

4대 과제를 중심으로 문제와 대안을 모색의 결과는 간단히 요약한다.

1) 자율 경영 체제 구축

가) 문제

① 학교장의 변혁적 리더십이 발휘되고 있는가?

② 작은 단위의 운영 조직에 효율적이고 민주적인 권한 위임을 어떻게 실시해야 하는가?

③ 교육 활동에 전념하는 교사를 지원하기 위한 교무행정전담 시스템을 어떻게 구축해야 하는가?

④ 학교 비전 공유과 책무성 제고를 위해 어떻게 노력하고 있는가?

나) 컨설팅 내용

① 교장·교감의 혁신적 교육행정 철학과 신념이 학교 전체로 침투하여 효과를 발휘할 수 있는 방법

② 신설, 소규모 학교로서 지속적이고 효과적인 업무 경감을 통해 수업에 전념할 수 있는 기초를 마련하는 문제

다) 실천 방안

① 시간이 걸리더라도 혁신학교에 대한 중장기 계획 및 실천 전략을 전체 구성원들이 함께 만들 수 있는 기회를 제공하여 교사들의 자발성을 고양 시킬 필요가 있다. 신설, 소규모 혁신학교로서 조기에 안

정적인 학교 분위기를 정착시킴과 동시에 새로운 패러다임으로서의 혁신학교 상(象)을 동시에 구축하기 위해서는 학교 변화의 방향과 변화를 위한 도구, 방법 등을 교직원과 함께 토론하고 듣고 설득하는 관리자의 모습이 필요하다. 학교장 및 교감이 변혁적 리더십을 발휘하지 못하면 혁신학교 자체에 대하여 학교 내부 구성원으로부터 냉소와 비난이 나올 수 있다. 관리자의 심각한 고민과 대책이 요구된다.

② 혁신학교 성공을 위해서는 학교 구성원들이 권한이 위임되었다는 사실을 피부로 느낄 수 있어야 한다. 기존의 학교와는 다른 학교조직의 모습과 운영 형태가 나타나야 할 것이다. 이를 위해서 전 교직원이 제안하고 참여하는 연수, 토론 및 협의회를 개최하여 혁신학교 목표와 철학, 권한 위임의 목적과 이행 방법에 대한 교직원의 토론이 필요한 듯하다.

③ 행정실무사 채용을 통하여 얼마나 교사업무를 줄였는지, 담임교사들을 학생생활지도 및 학급경영에 전념할 수 있도록 하기 위해 비담임 교사를 활용한 학교조직 효율화가 이루어지고 있는지 점검할 필요가 있다. 이를 위해서는 기존 학교 시스템에 대한 진단을 먼저 한 후, 부서별 기능의 재조정과 부서업무와 행정실무사와의 업무 관련성도 점검되고 조정되어야 할 것이다.

2) 민주적 자치공동체 형성

가) 문제

① 집단지성이 발현되는 생산적인 학교문화를 조성하고 있는가?

② 참여와 소통을 통한 학교자치가 실현되고 있는가?

③ 대외협력과 참여 확대가 실시되고 있는가?

나) 컨설팅 내용

① 혁신학교와 일반 학교의 차이점은 학교의 민주주의 실현 여부이다. 교사나 학생에게 민주주의적 경험이 체험되지 않으면 교사와 학생의 동의와 자발성을 끌어낼 수 없다. 회의의 진행방식, 학교 문제에 대한 발언권, 인사 및 교육과정 편성에 대한 참여 정도, 교사와 학생들이 존중받는 느낌을 가지는 것 등이 중요한 요소이다.

② 직원회의 운영방식이 교사들이 민주주의를 체감할 수 있는 기회이다. 직원회의 횟수, 직원들의 의견 개진의 기회와 참여를 보장하는 것이 중요하다. 학교의 일상 업무를 중심으로 하는 회의 보다는 그 주, 또는 그 달에 일어나는 학교의 중요업무나 안건을 중심으로 회의하는 모습들이 필요하며, 교사의 의견을 수렴하고 의견이 다를 경우 교사들을 설득하는 학교장의 경청하고 이끄는 리더십이 필요할 것이다.

③ 학생들이 학교 문제에 참여하는 방식도 중요하다. 학생회가 실제로 학생을 대표하고, 학생들의 학교 운영에 대한 건의를 직접 할 수 있는 통로를 만들어 주는 것이 필요하다. 학생회에 자체 예산을 부여하고 학생회 사무실을 따로 설치하며, 수업 문제나 자신들의 생활문제, 기타 문제들에 대한 해결책을 스스로 찾을 수 있는 자치역량을 강화시킬 필요가 있다. 수학여행이나 체육대회 등 학교행사를 학생 스스로 기획하고 집행할 수 있도록 해주는 것도 학생자치 역량을 강화시키는 방법이다.

3) 전문적 학습공동체 형성

가) 문제

① 학교가 교수학습 중심으로 시스템이 재편되고 있는가?

② 집단지성의 학습공동체를 구축하고 있는가?

③ 학교 업무가 효율적으로 운영하고 있는가?

나) 컨설팅 내용

① 준비학교 단계를 거쳤지만, 혁신학교의 철학과 교육과정 구성 및 운영, 그리고 그 방법 등에 대하여 집단적으로 연구하고 토론하여 답하는 구하는 과정에 대한 경험과 노하우가 아직 부족한 것으로 판단된다. 잘 된다고 하는 학교들을 벤치마킹하는 노력도 필요할 것이다. 선유중과 비슷한 환경에 있는 다른 학교에서는 어떻게 하고 있는지, 학교조직을 학습조직으로 전환하기 위해 혁신학교 초기에 어떤 노력을 경주하고 있었는지 살피는 것이 유용할 것이다.

② 유휴 교실을 활용하여 교과 교실을 운영하고 및 동일 교과의 공동의 학습지도안을 짜고 평가 계획을 공동으로 하고 있는지 점검할 필요가 있다. 개인적인 수업준비도 중요하지만 수업 올인(all-in) 및 공동 수업디자인을 위한 교과별로 교무실을 배치한다든지 교과별 협의회실을 마련하는 것도 한 방법일 것이다.

③ 교사들이 교과 연구나 학급경영, 생활지도 등 각종 연구 활동에 참여할 수 있도록 격려하고 지원할 수 있는 체제가 필요하다. 학교 외부의 모임이나 강의에 참여할 수 있는 기회를 보장하고 학교 내부에 교사의 단순한 취미나 친교 이상의 학습동아리를 구성하여 전문적인 학습공동체를 조직하는 것이 바람직하다.

4) 창의지성교육과정 운영

가) 문제

① 혁신학교를 지향하는 학교로서 기존의 학교 체제를 넘어 창의지성을 담보하는 교육과정 구성을 위해 노력하고 있는가?

② 창의적 체험활동이 학교교육 목표를 실질적으로 구현하고 있으며, 이것이 학생에게 유의미한 교육 경험을 제공하고 있는가?

③ 교과 교실 운영과 교육과정 운영의 연계성이 확보되고 있으며, 이것이 배움 중심의 수업으로 이어지고 있는가?

④ 성장 참조형 평가체제가 구축되고 있는가?

나) 컨설팅 내용

① 교육과정은 철학과 내용 교수 방법 및 평가가 일목요연하게 연계되는 시스템으로서, 현재 선유중학교 교육과정이 기존의 입시제도 준비교육의 틀에 벗어나 교육과정을 재구성할 필요가 있다.

② 우선 학교교육과정이 암기 숙달에서 벗어나 창의성을 목표로 하고 있는지 교수학습에 있어서 지성적인 방법으로 구성되어 있는지 검토할 필요가 있다.

③ 수업 혁신에 대한 토론이 필요하다. 혁신학교의 철학 구현과 교과교실제도에 맞는 수업, 학생 수준을 고려한 수업(수준별 수업의 형태는 여러 가지가 있음) 과제 부여 등이 필요하다.

④ 결론적으로 말하면 학교는 교육과정이다. 학교의 지향과 학교장과 교사의 교육철학이 학교교육과정에 반영되어야 한다. 편제로서의 교육과정과 각 교과 교육과정뿐만 아니라, 교수 방법, 평가에 반영되어야 하며, 창의적 체험활동 또한 교육과정의 부속품이나 장식품으로

서가 아니라 학교교육과정의 하나로 작동되어야 한다. 따라서 창의적 체험활동은 학교의 철학이 녹아 있어야 하며, 학교의 기본 교육활동인 교과수업과 연계되어야 한다. 이를 위해 각 교과간, 교사간 협의를 통해 교과의 교육목표 및 주제와 관련된 체험활동이 구안되어야 할 것이다.

종합적으로 판단하면 우수사항으로는 ① 새 학교 문화 형성에 대한 기대와 희망이 있어 교사, 학생, 학부모가 서로 소통하며 서두르지 않고 서서히 조금씩 혁신 비전을 실천하고 있다. ② 교감 선생님이 방과후학교 업무를 지원하는 등 교사의 업무 경감 개선을 위해 적극 노력하여 소규모 학교 교원의 과잉된 업무 부담을 줄여주고 있어 실질적인 업무 경감과 교원의 마음을 얻는데 크 역할을 하고 있는 점이다. 굳이 학교관리자와 교사에 대한 제언하자면 ① 혁신학교 운영에 대한 숨은 불만이 없도록 상호간에 의견을 존중하여 경청할 수 있는 마인드 제고가 필요하고 그를 위한 역량 강화의 기회가 있었으면 한다. ② 도시의 편리함과 농촌의 전원적인 환경과 소박한 민심을 배경으로 하고 인위적인 노력을 하지 않더라도 유지되는 소규모의 학교, 학급의 특성의 유지할 수 있는 방안을 모색할 필요가 있다. ③ 관리자와 교사 등 학교 구성원 전체가 학교혁신의 비전과 상(像)에 대한 이견을 좁히고 공동의 이상을 구안하고 추구하는 노력이 필요하다고 말할 수 있다.

5. 학교문화의 비교분석

가. 학교문화의 내면화 정도

고양되는 가치는 학교 문서에서 확인할 수 있으나 사용 중인 가치는 오랜 기간 참여 관찰이나, 전문적인 심층 면접 등의 방법을 통해 확인할 수 있다. 덕양중학교와 해솔중학교, 홍덕고등학교, 선유중학교의 학교문화를 Schein의 '조직문화의 개념적 모델'에 기초하여 다음과 같이 비교 분석할 수 있다.

구분	덕양중	해솔중	홍덕고	선유중
조직의 유형적 상징물	·전통 있는 건물 ·잔디 운동장 ·학교 헌장	·신축 건물 ·학교 헌장 ·대형 시 펼침막 ·'비전의 벽'	·신축 건물 ·학교 헌장 ·대형 시 펼침막 ·잔디 운동장	·신축 건물 ·개방형 중앙 로비 ·2층 야외콘서트장
조직행동 유형(언어, 의례 및 의식, 성공사례 등)	·학교비전-'더불어 삶을 가는 행복한 배움의 공동체' ·학생에 대한 높임말 사용 ·북한산 사제동행등산, ·공동체생활협약서, · 그린마일리지 ·프로테스탄트의 윤리적 책임과 소외학생에 대한 배려(정신공동체)	· 해솔정신(Haesol Spirit) ·학교비전-'자유로운 개인들이 더불어 사는 배움의 공동체' ·'사랑합니다' 인사말 ·무감독고사 선서식 및 반성의례 ·인사위원회의 독립 · 그린마일리지 ·약한 고리의 학교내 혁신그룹	·학교비전-참여와 소통을 통한 희망과 신뢰의 배움 공동체 ·지리산 여행을 통한 반성과 유대 ·교사들의 직무규범 ·교장의 아침 정문에서 학생 맞기 ·교무회의의 의사결정기구화 ·그린마일리지 ·선진형 교과교실제 ·강한 고리의 단일 교원단체 소속 혁신그룹 존재	· 학교비전 – 스스로 더불어 성장하는 교육공동체 · 교사, 학생의 다짐 · 사제동행 · 교장, 교감의 아침 정문 및 현관에서 학생 맞기 ·교육공동체 대토론회 운영에서 학생자치회가 한 축을 담당 ·우리가 만드는 학급 규치 ·활발한 소통이 가능한 ㄷ자형 교실 배치 ·교무실 ㄷ자형 배치를 통한 교사 개인 프라이버시 보장

				및 중앙 소통의 공간 확보 ·전문적학습공동체을 기반으로 한 토론, 토의, 나눔 문화
고양되는 가치들(espoused values)	·교육의 본질 추구 ·학생 - 인권, 개성, 타인존중, 교사와 배움에 대한 존중 ·교사- 학생의 배울 권리 존중, 교사의 책임 ·학교운영에 대한 공동참여, 공동책임	·교육의 본질 추구 자유로운 개인(도덕성, 창조성, ·더불어 사는 삶(참여와 소통, 생태공동체주의) ·배움의 공동(함께 배우며 성장) ·교사의 자율과 책임, 학생의 자치 강조. 교장의 섬기는 리더십 ·학교운영에 대한 공동참여, 공동책임	·참여와 소통 · 인권과 생활 ·3행 3무의 직무윤리	·참여와 소통 · 학교운영에 대한 학생, 학부모, 교사의 공동참여 ·개인의 행복을 통한 미래 역량 함양 추구 ·학생을 동등한 교육공동체로 인식하여 학교운영 과정에서 학생의 적극적 의견 반영, 결정 참여 지향 ·과정의 민주화를 기반으로 한 정책결정 문화
사용 중인 가치들(values in use)				

문서에 나타나 있고, 주위의 평판 및 관찰을 통해서 보면 위의 4개 학교는 기존의 다른 학교들과 확연히 다른 모습을 보이고 있는 것이 사실이다.

우선 이 학교중 세 학교는 평교사 출신 내부형 교장 공모제에 의해 교장이 부임했다는 공통점을 가지고 있다. 내부형 공모교장제도는 우리 학교제도에서 아직 생경한 경험을 가지고 있는 것이 사실이지만, 평교사 출신이 교장에 보임되어 새로운 리더십을 보여줌으로써 교장-교사 사이의 새로운 질서와 문화에 있어서 신선한 기풍을 진작시키고 있다고 할 수 있다. 이 세 교장의 경영능력 중에서 어떤 측면이 어떻게 학교문화 변화에 작용하고 있는지는 보다 엄격한 연구와 논의가 필요하겠지만, 공모교장제도 자체가 학교문화 변화에 던져주는 효과가 있다는 것이다.

둘째, 네 학교의 입지적 조건은 서로 다르지만, 인간과 교육에 대한 기본가정은 비슷한 경향을 보이고 있다. 덕양중학교와 선유중학교는 낙후된 지역의 소외된 학생들이 주축을 이루는 소규모 학교이나, 해솔중학교와 흥덕고등학교는 신도시 신흥 주거지에 위치에 있다는 점에서 공통점을 가지고 있다. 그러나 해솔중학교가 신도시 지역의 일반 학교의 학교 구성원의 경향이나 특성을 가진 중간 정도 규모(22학급)의 학교라고 한다면, 흥덕고등학교는 학년 정원을 다 채우지 못한 비평준화지역에서 타학교에서 탈락한 경험을 가진 학생 위주로 구성되어 수업이나 생활지도에 극심한 어려움을 가지고 있는 비교적 소규모의 학교라고 할 수 있다. 그럼에도 불구하고 이 네 학교는 인간에 대한 선의에 기초하여 배움과 소통을 강조하고 교육의 본질을 추구하겠다는 가치를 고양하고 있다. 여기서 연구의 핵심은 이 네 학교의 고양되는 가치와 실제 작동하는 가치의 일치여부를 확인해 볼 필요가 있다. 그러나 혁신학교 추진 이후, 이 학교들의 상황이 꾸준히 개선되고 있고, 학생들의 만족도 및 주의 평가가 대체로 긍정적이기 때문에 고양되는 가치와 작동하는 가치가 대체로 일치한다고 추정해 볼 수는 있다. 학교문화는 문서상에 존재하는 것이 아니라 교사와 학생의 생활상의 틈새에 박혀 강력하게 작동하는 기제이기 때문에 좀더 엄밀한 질적 연구가 필요하나, 이 연구는 이 문제를 충분히 분석하지 못하는 한계점을 가지고 있다.

나. 학교문화의 형성 변인 및 기본가정 비교분석

관료제에 기초하고 있는 기존의 학교와 수평적인 권위체제와 거버넌스, 전문적 학습공동체를 강조하는 혁신학교와의 비교는 대략적으로 구분하여도 분명히 차이가 있다. 일단 관료조직과 학습조직의 차이점은 다음과 같은 차이점을 가지고 있다(장승권 외, 1996).

관료제 조직	학습조직
1. 일상 업무의 맹목적인 반복으로 아래로부터의 개선이 미미	1. 성찰을 통한 학습으로 자발적 혁신 활발
2. '그 일은 꼭 그 사람에게'	2. 모든 노하우를 전 조직이 활용
3. 동일 실패 반복	3. 개인/조직이 지혜를 축적·공유
4. 외부의 충격이 없으면 휴면조직화	5. 환경과 무관하게 자생적 혁신이 일상화된 조직
5. 모방에 의존하여 영원히 세계최고가 될 수는 없는 조직	5. 모방을 넘어 창조에 의한 환경변화를 주도하며 선구자가 되는 조직
6. 개인/부문 이기주의로 최선의 성과를 낼 수 없는 조직	6.시스템적 사고를 바탕으로 '공동의 선'을 창출하는 조직
7. 개개 조직원이 소모품화되어 있는 조직	7. 업무와 자기계발의 일체화로 조직원이 개혁의 열망에 넘치는 조직
8. 문제 발생 시마다 단편적 개선	8. 자기 변신의 체질화로 지속적

을 계속하는 조직	성과 향상을 이루는 조직
9. 환경변화에 신속히 대응하지 못하는 조직	9. 환경변화에 신속한 대응체제를 갖춘 조직
10. 수직적 의사결정, 부문간의 벽	10. 수평적이고 원활한 의사소통

그러나 관료제나 학습조직은 이념형으로 존재할 뿐 어떤 조직이 완전히 관료제나 학습조직일 수는 없기 때문에 어떤 학교조직이든지 비중의 문제이지 이 두 개의 모형을 모습을 부분적으로 다 가지고 있다고 보아야 한다. 4개의 사례 학교뿐만 아니라 혁신학교는 모두 학습조직의 특성을 일반 학교에 비해 더 가지고 있을 것으로 추측된다.

학교문화의 형성변인 측면에서 4개의 학교를 비교하면 다음과 같다. 일반 학교도 학교 나름대로 특성을 가지고 있기에 일률적으로 판단할 수 없으나 관료제 조직의 이념형에 따라 판단했고, 혁신학교에 대한 평가는 문서 및 관찰, 교류와 전언 등을 통해 얻은 것으로 연구자의 주관이 많이 반영되어 객관화하기는 어려우나 대략적인 이해를 위해서는 의미가 없지 않은 것으로 판단된다.

변인			분석				
			일반 학교	덕양중	해솔중	흥덕고	선유중
조직행위변인	의사소통채널	개방적		O	O	O	O
		중립적					
		폐쇄적	O				
	학교장 지도	강압적	O				
		변혁		O	O	O	O

	성	적					
		중립적	△				
	교사집단응집성	강함		O	O	O	O
		보통	O				
		약함	△				
	교사간 인간관계	협동적		O	O	O	O
		실리적	O				
		방임적	△				
	교사행정가간 인간관계	우호적		O	O	O	O
		중립적	O				
		적대적					
조직환경변인	학교경영교사참여	적극적		O	O	O	O
		중립적	O				
		소극적					
	학부모 참여	적극적		O	O	O	
		중립적					O
		소극적	O				
	교원단체	활동적		O		O	
		중립적	△		O		O
		소극적	O				
	학교전통·특성	강함	O	O			
		보통			O	O	O
		약함			O	O	
	교육	민감		O	O	O	O

	정책 변화	중립					
		둔감	O				
조직구조변인	교직원 인적 구성	능동적		O		O	O
		중립적			O		
		방임적	O				
	공식적 조직	강함	O				O
		보통		O	O	O	
		약함					
	비공식적 조직	강함		O		O	
		보통	O		O		O
		약함					

학교의 억압적 생활구조 모형에 비추어 4개의 학교를 비교하면 다음과 같다. 이것 역시 위와 마찬가지로 주관성의 오류를 범할 수 있다.

변인		분석				
		일반학교	덕양중	해솔중	흥덕고	선유중
심리학	외부통제	O	△	△	△	
	내부통제		O	O	O	O
경영철학	X이론	O				
	Y이론		O	O	O	O
장학론	과학적 관리론	O	△	△	△	
	인간자원장학	△	O	O	O	O
운영방식	개인주의		O	O	O	
	집단주의	O				
	절충	△	O	O	O	O
권력	일반권력관계	△	O	O	O	O
	특별권력관계	O				

이론						
학습관	발달(학습주의)					
	성취(學歷主義)	O				
	혼합		O	O	O	O

V. 학교문화의 혁신전략

지금까지 우리는 학교문화가 학교효과의 중요한 변수라고 보고 학교문화의 의미, 개념적 구조, 우리나라 학교문화의 근저를 형성하고 있는 현실구조의 이해, 혁신학교 사례분석을 통한 일반학교의 차이점 및 4개 학교간의 공통점 및 차이점을 분석하였다.

또한 우리 학교문화의 가장 큰 맹점을 교사 및 학생집단의 삶의 주도성 상실에 있다고 보고 그 구조적 원인과 교사들의 권력행사 형태 및 교직문화의 현실관계를 논의하였다. 특히 교사 집단의 주도성의 상실은 지식교육에서 뿐만 아니라 인성교육의 측면에서도 심각한 문제점을 야기하고 있다.

오늘의 학교위기의 본질이 교사와 학생의 교육적 관계의 단절에 있고, 교사들이 이러한 소통 불능의 상태를 주체적으로 수습할 수 있는 충분한 능력이 없는 이유가 우리 학교의 억압적 생활구조에서 기인한 것이라면, 그 해법은, 강압적 리더십을 통해 학생의 욕구를 차단하는 일시적 미봉책이 아니라, 적극적으로 학교의 억압적 구조를 풀어주고 교사들의 내부동력을 자발적으로 발휘할 수 있는 통로와 구조를 만들어 주는 것이어야 한다. 다시 말하면 학교의 억압적 구조를 완화 또는 개선하는 일은 학교문화풍토를 개선한다는 것을 의미하며, 교사의 내부동력을 활성화한다는 것은 학교 학교문화혁신의 주체를 확보한다는 것을 뜻한다. 교사의 내부동력을 활성화하기 위해서 교사의 직무풍부화(job enrichment)의 다양한 방법을 활용할 수 있을 것이다. 직무풍부화는 수평적 직무부여를 의미하는 직무확대(job enlargement)와는 달리, 수직적 직무 부여를 꾀하는 직무 재설계 방식으로서, 개인의 힘이 미치지 않는 관심의 영역에 있는 위생요인에 노력보다는, 동기요인에 대한 노력을 집중하여 영향력을 확대시키는 것이다. 다시 말하면 직무 수행상의 책임을 증가시키고, 권한과 자유 재량권을 부여하며, 교사들로 하여금 자신의 능력을 발휘할 수 있는 기회를 가지도록 하여 직무 속에서 도전과 보람, 심리적 보상을 얻을 수 있도록 하는 것이다(Herzberg,1966).

어떻든 학교교육을 정상화하고 활성화시키기 위해서는 궁극적으로는 〈그림 3〉의 외부의 원 속에 있는 외부통제 심리학과 X이론에 근거한 학교경영철학, 학벌주의 및 파시즘 등의 문제와 내부의 원 안에 있는 학교관료주의, 통제적 규율·훈육체계 등의 과제를 가장 빠른 기간 내에 효과적으로 해결할 수 있는 방법을 찾아야 할 것이다.

그러나 이런 일은 학교 구성원이 단독으로 단기간 내에 해결할 수 있는 것도 아니고, 제한된 시간과 노력을 이 모든 분야에 쏟아붓는 것이 효과적이지도 않다. 따라서 우리는 학교 위기를 극복할 수 있는 효과적인 학교문화 혁신을 위해 전략적 사고를 할 필요가 있다. 즉 문제를 성격과 해결가능성의 난이도에 따라 장기, 중기, 단기적 과제로 분류하여 시간상으로 배치하는 것이다.

우리가 할 수 있는 일은 외부의 원에 있는 과제가 아니라 내부의 원안에 있는 문제, 그중에서도 학교규율·훈육체계 속에서 교사가 학생들을 지도하는 과정에서 리더십을 행사하는 과정을 개선하는 데 집중하는 것이다. 즉 교사들의 강압적 리더십을 교육적 리더십으로 개선하여 통제적 규율체계를 자율적 규율체제로 전환하고, 학생의 개인 리더십을 강화하는 것이다.

우리 사회의 변화는 매우 빠르고 근본적이나, 학교의 변화는 지체되고 있다. 우리는 이러한 변화에 적응하기 위해서 학교교육의 구조적 변화를 시도하고 있으나, 여의치 않은 형편이다. 우리는 그동안 변화를 외부적 요인들의 복합적 작용에 의하여 일어나는 것으로 보고 사회구조나 체제 및 그 풍토를 개선하기 위하여 노력해 왔으나, 노력에 비해 그 성과는 별로 크지 않았다고 평가할 수 있다. 이제 학교교육을 개선하기 위한 다른 방법을 쓴다면 인간 내부의 변화를 통한 자기경영 방법이다. 즉 개인의 지식역량의 확대를 통해 조직역량을 확대하는 것으로서, 교사와 학생의 개인 리더십을 인성교육의 전략적 거점으로 집중 육성하는 것이다. 이를 위해서는 내부통제 심리학에 대한 신념을 가지고, 외부의 자극에 무조건적으로 반응하는 것이 아니라, 자신의 가치에 따라 행동을 선택할 수 있는 능력을 배양하는 것이다.

앞에서도 말했지만 이러한 목표를 달성하는 가장 확실한 방법은 교사 리더십을 개선하는 것이다. 즉 강압적 또는 실리적 지도력을 전환시켜 교육적 리더십을 구축하게 되면 학생의 리더십을 개선하게 되고 이 결과로, 학생이 원칙중심의 리더십을 확립하게 되면 자신의 성품과 역량을 발전시키기 위해 노력하기 때문에 능력교육과 인성교육이 다 함께 완성된다고 할 수 있다.

교육적 리더십은 학생들이 교사에게 갖는 존경과 명예, 사랑, 그리고 교사가 학생에게 가지는 존중심을 바탕으로 한다. 교육적 리더십은 상호의존과 깊은 존경심, 나아가 시너지로 이어지기 때문에 장기적으로 영향력이 유지된다. 교사와 학생 쌍방은 무엇이 가장 좋은 것이고 무엇이 가장 가치 있는 것인지 생각하고 함께 선택하며 결정을 내린다. 교육적 리더십에도 통제가 존재하지만 그 통제는 내적인 것, 즉 자기 절제로 나타난다. 현재와 같은 억압적 학교구조에서도 이러한 교육적 리더십을 가진 교사들이 다수 존재하는 것으로 볼 때 누구나 이러한 리더십을 가질 수 있다. 사실 우리는 이미 원칙 중심의 교육적 리더십을 알고 있다(장성민역, 1999. 154).

교육적 리더십은 원칙 중심이어서 영향력이 지속적이며, 주도적인 행동을 낳는다. 주도적인 행동은 상황에 좌우되지 않는 관계를 말하며, 가장 중요한 것에 근거하여 선택하는 것을 의미한다(〈그림 5〉). 교육적 리더십은 자기를 통제하는 힘이며, 상호의존성을 기른다. 존경에 바탕을 둔 교육적 리더십을 얻기 위해서는 설득력, 인내심, 친절, 학습력, 수용력, 지식, 자제력 등의 훈련이 필요하다. 예를 들어 교육적 리더십을 가진 교사에게는 통제적 규율체제에서의 훈육은 자제력이 된다. 훈육과 자제력은 똑같은 말(discipline)이지만 힘이 행사되는 방향은 전혀 다르다. 자제력을 가지면 다른 사람의 실수를 양해하고 나의 실수를 인정하는 것을 의미한다. 자제력은 처벌이나 사람을 동물처럼 훈련시키는 것을 의미하는 것이 아니라, 이것의 효과적인 배양은 보살핌의 맥락에서 나온다. 강압적 리더십이 행사될 때 훈육은 '훈련에 의한 절제된 행동', '강제와 순종에 의한 통제', '복종을 이끌어 내는 체계적 방법', '권위에 의해 생긴 질서', '교정(矯正)을 위한 처벌'로 정의되지만, 교육적 리더십이 발휘되는 동안에는 '도덕적, 정신적 개선을 위한 연마', '특정한 성향을 만들어 내기 위한 훈련'으로 탈바꿈한다.

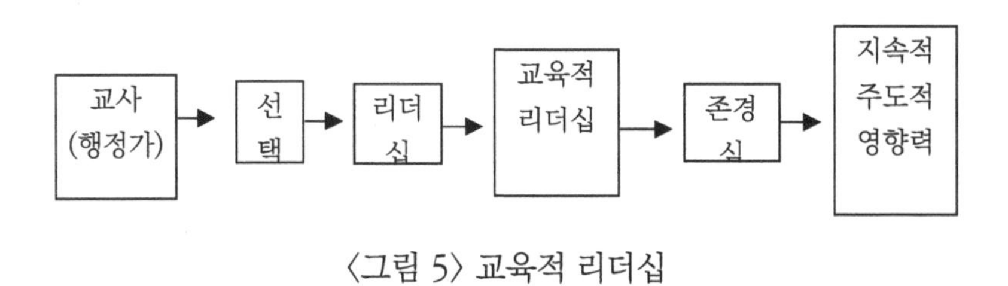

〈그림 5〉 교육적 리더십

지금 기업에서는 오히려 조직구성원의 인격(품성)에 의존하는 원칙 중심의 리더십 훈련이 컨설팅이라는 이름으로 붐을 이루고 있다. 거친 폭풍처럼 불어 닥치는 변화의 격랑 속에서 죽느냐, 사느냐 하는 존폐의 기로에 서 있는 기업들이 엄청난 돈과 시간을 들여서 종업원들의 재교육에 나서고있는 것이다. 기업의 생산성을 결정하는 것은 기업의 문화이고, 기업의 문화는 바로 사람에 의해 결정되기 때문이다. 영리를 목적으로 추구하는 기업들이 사람과 기업을 바로 세우기 위해서 원칙 중심의 리더십에 기초해서 직원 재교육에 나서고 있다는 사실은 우리 교육조직과 학교 구성원들에게 시사하는 바가 크다. 왜냐하면 교육조직은 결과와 목표뿐만 아니라 교육이 이루어지는 과정이 교육적이어야 하기 때문이다. 원칙 중심의 교육적 리더십으로 학교구성원들을 혁신시키는 일의 중요성을 시사하고 있다. 학교의 억압적 구조를 개혁하고 우리 학교문화를 개선하기 위해서는 우리가 지금까지 해 왔던 방식과는 다른 방법이 필요하다.

참 고 문 헌

김주영(2011), 학생과 소통하는 학교문화 형성- 흥덕고등학교 사례분석, 경기도 교육청 혁신학교 추진지원단 워크숍 자료

박삼철(2003), Schein의 조직문화 개념 분석에 기초한 학교문화와 학교풍토의 개념적 관계, 교육행정학연구 21(4)

박삼철(2005), 교육행정학에서 사용되는 학교문화 개념들의 유용성과 한계, 교육행정학연구 23

박부권 외(1992), 한국교원의 종합이해와 미래구상(II), 한국교육개발원

박은실(2002), 단위학교 효율적 운영을 위한 학교 조직문화 특성에 관한 질적 탐색, 교육행정학연구 20(2)

윤여관(2001), 정보화 사회와 학생문화의 이해, 학교문화의 현실과 교육개혁(여름정책 세미나 자료집), 한국교육연구소

이정훈(2004), 학교 조직문화 형성변인 탐색, 교육행정학연구 22(4)

장내환(2002), 중학교 조직풍토의 개방성과 학교 효과성과의 관계, 교육행정학 연구 20(2)

장성민역(1999), 지도력의 원칙(Blaine Lee, Power Principle), 김영사

전종호(1999), 학교붕괴현상에 대한 교육주체 의식조사연구, 푸른나무

조영제(2001), 새로운 인성교육의 프로그램의 필요성과 현장의 요

구, 2001 여름 방학 교원직무연수교재, 아름다운학교운동본부

천세영, 조금주(2000), 학교자율규정 제정방안 연구, 한국청소년개발원

한국교육연구소(2000), 교원정책 및 교직원 문화에 대한 교직원 여론조사 보고서, 한길리서치 연구소

한숭희(2000) 학습혁명보고서, 매일경제신문사

Steven R. Covey(1989), The 7 Habits of Highly Effective People, Franklin Covey Co.

Thomas J. Sergiovanni, Robert J. Starratt(1983), Supervision, Human Perspectives, Mcgraw-Hill Book Company

1장

학교경영계획

1장 학교경영계획

Ⅰ. 2017-2020 학교경영방침

가 학교장 경영관

" 삶의 의미와 가치를 발견하는 행복한 배움의 학교 "

- o 삶의 문제를 스스로 해결하는 힘을 기르는 교육 실현
- o 자신의 삶의 주인을 만드는 배움 실현
- o 학교의 공동 주인으로 함께 성장하는 학교
- o 교육의 발전 방향을 제시하는 옹골찬 학교
- o 교원이 열정을 가지고 가르치는 질 높은 교육 실현

나 경영 방침

- · 한 명의 학생도 교육으로부터 낙오되지 않고 배움에 평등한 학교
- · 문화와 예술을 향유하고 다양한 경험으로 꿈과 희망을 찾는 학교 만들기
- · 기초 능력의 바탕 위에 창의적 도전이 성장하는 학교
- · 서로의 권리를 존중하고 협력하는 민주적인 삶 실천
- · 학생과 학교의 성장을 지원하는 현장 중심의 정책 개발
- · 교육공동체의 공동 연구, 공동 실천으로 함께 성장하는 학교
- · 혁신교육 완성도를 높이고 학교의 자율과 자치문화 조성

Ⅱ. 2020-21학년도 경영계획

전종호(교장)

선유중학교 이야기

전종호

축적과 도약

단 한 명의 아이도 포기하지 않는 교육

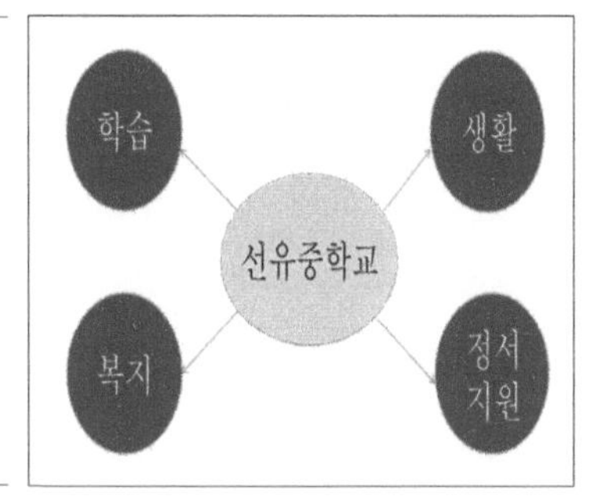

학 습

역량중심교육과정

-지식이 아닌 역량을 키움
-OECD핵심역량(DeSeCo)
(자율적으로 행동하는 능력, 이질적인 집단에서 소통하는 능력, 지적인 도구를 사용하는 능력
-협력학습

배움중심수업

-정규 교육과정 운영
-활동중심 수업
-협력학습
-독서 프로그램(학년별,계절별)

학력 불균등에 대한 대응(1)

-각종 대회 운영
-표현능력 신장
-대학입시(경향)설명회
-프로파일 관리

학력 불균등에 대한 대응(2)

-학습부진조기 발령제
-맞춤형시스템(학생, 교사, 외부)

학력 불균등에 대한 대응(3)

-지역사회 연계
-청소년문화의집, 지역공부방,
청소년상담센터, 교회, 군부대

생활

인성교육

- 자존감교육
-희망격차 방지

또 하나의 세계

-미디어 교육
-미디어 리터러시

유튜브

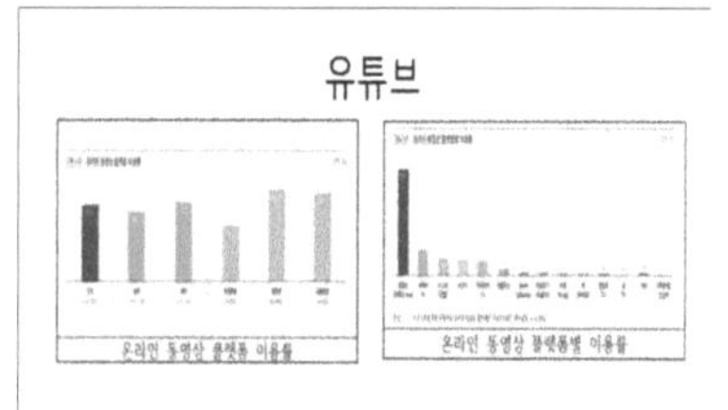

<한국언론진흥재단-2019 10대 청소년 미디어 이용조사>

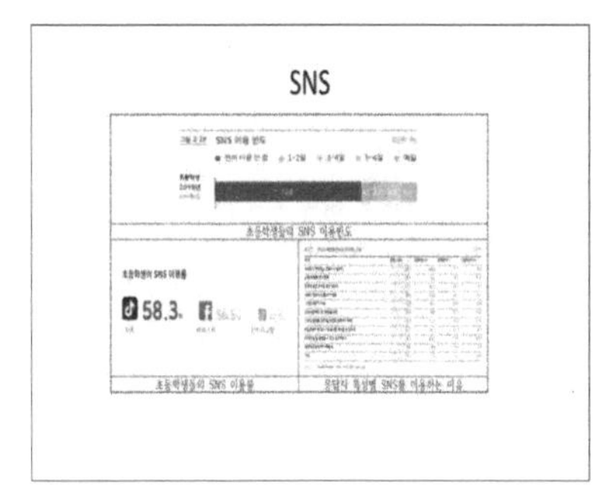

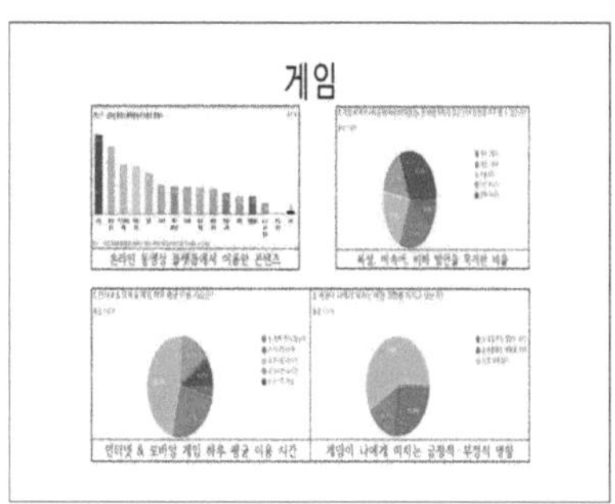

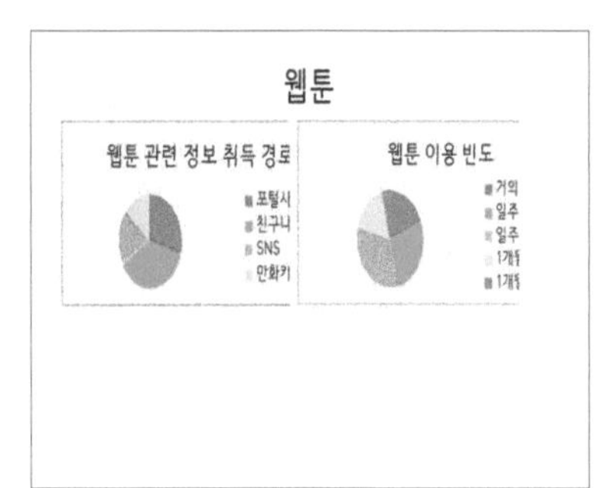

시민교육

-학교민주주의
-학생자치
-학부모 학교참여
-평화교육
-다문화교육

회복적교육

-스몰스쿨(학년별 책임교육)
-강압식 생활지도에서
 회복적 교육으로
-폭력예방교육에서
 비폭력적 갈등관리교육으로

건강 및 복지

건강교육

-감염병 예방 및 방역활동
-체계적인 건강교육 및 진단
-건강주의학생 파악 및 관리
-음주, 흡연 예방 및 지도
-성인지감수성 및 성교육

복지지원

-교육복지우선사업지구(연계)
-생활비 지원
-사제동행 프로그램
-읍사무소 연계 시스템
-균형급식 및 영양교육

특수교육

-개별화교육
-맞춤형 치료 지원
-생활지원(통학비 및 기타)

정서지원

상담체계(심리)

-학급 및 학년별 상담체계
-위클레스
-파주청소년상담센터 연계
-대학상담실 연계(MOU)

진로교육

-자유학년제 운영
-진로검사
-직업체험
-명사초청
-학부모 진로동아리 운영

혁신학교

공교육정상화

-사교육 의존에서 벗어나
학교의 자립과 기능 회복

학교자치

-의사결정의 민주성
-학부모의 학교참여권 보장
-인사권의 자율성(교장, 교사 선발권)
-교육과정 결정의 자율권(20%)

파트너십

-소비자/공급자나 감시자/방어자가 아니라
협력적 토론자의 개념이 되어야 건강한 학교

학부모의 학교참여

-학부모회 운영
-수업 보조
-학습부진아 지도
-예술교육지도
-학부모 진로동아리 운영
-학부모 아카데미

패러다임, 프레임, 지도

상황을 보는 방식을 바꾸면
상황이 바뀐다.
-웨인 다이어

III. 2021학년도 학교교육목표체계

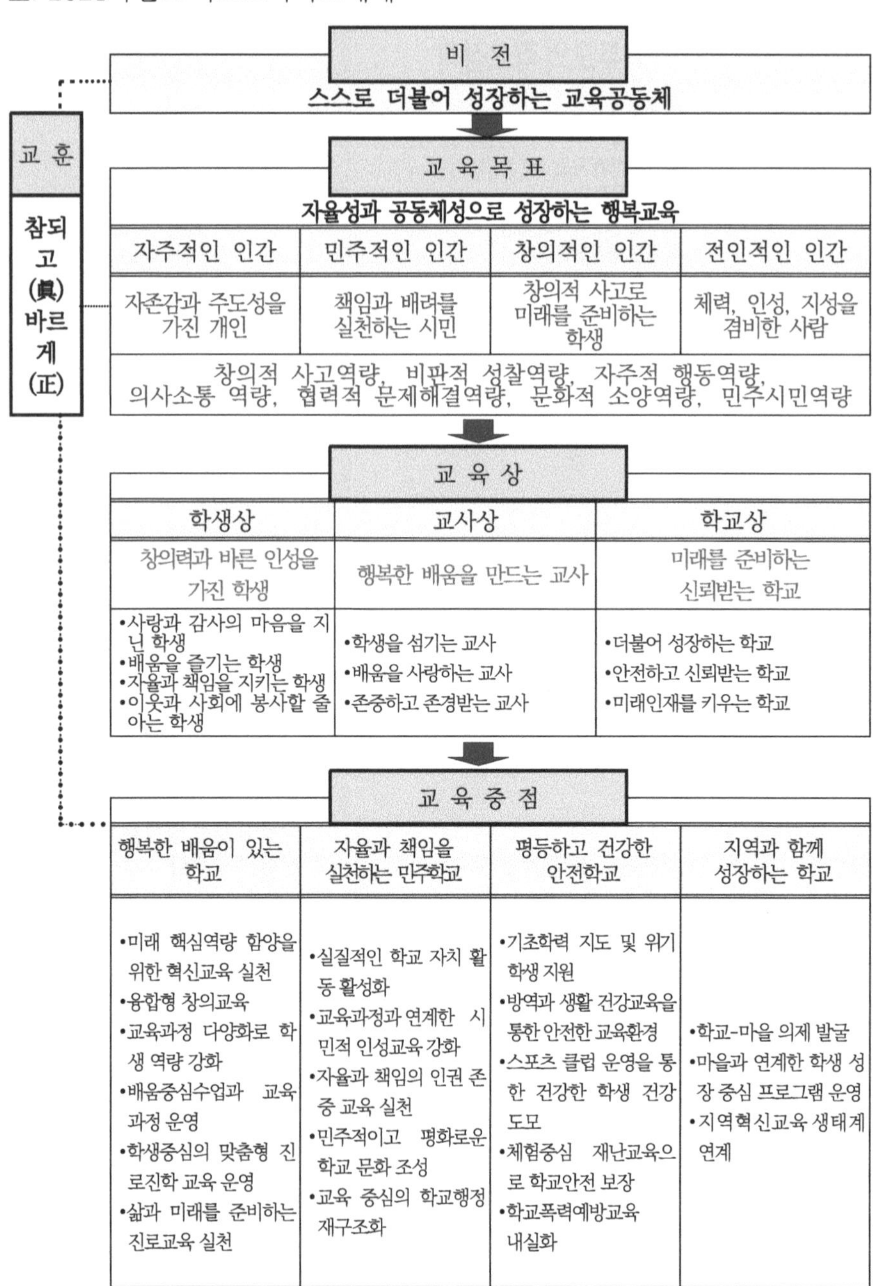

비 전
스스로 더불어 성장하는 교육공동체
교 훈
참되고(眞) 바르게(正)
교 육 목 표
자율성과 공동체성으로 성장하는 행복교육
자주적인 인간
민주적인 인간
창의적인 인간
전인적인 인간
자존감과 주도성을 가진 개인
책임과 배려를 실천하는 시민
창의적 사고로 미래를 준비하는 학생
체력, 인성, 지성을 겸비한 사람
창의적 사고역량, 비판적 성찰역량, 자주적 행동역량, 의사소통 역량, 협력적 문제해결역량, 문화적 소양역량, 민주시민역량
교 육 상
학생상
교사상
학교상
창의력과 바른 인성을 가진 학생
행복한 배움을 만드는 교사
미래를 준비하는 신뢰받는 학교
•사랑과 감사의 마음을 지닌 학생
•배움을 즐기는 학생
•자율과 책임을 지키는 학생
•이웃과 사회에 봉사할 줄 아는 학생
•학생을 섬기는 교사
•배움을 사랑하는 교사
•존중하고 존경받는 교사
•더불어 성장하는 학교
•안전하고 신뢰받는 학교
•미래인재를 키우는 학교
교 육 중 점
행복한 배움이 있는 학교
자율과 책임을 실천하는 민주학교
평등하고 건강한 안전학교
지역과 함께 성장하는 학교
•미래 핵심역량 함양을 위한 혁신교육 실천
•융합형 창의교육
•교육과정 다양화로 학생 역량 강화
•배움중심수업과 교육과정 운영
•학생중심의 맞춤형 진로진학 교육 운영
•삶과 미래를 준비하는 진로교육 실천
•실질적인 학교 자치 활동 활성화
•교육과정과 연계한 시민적 인성교육 강화
•자율과 책임의 인권 존중 교육 실천
•민주적이고 평화로운 학교 문화 조성
•교육 중심의 학교행정 재구조화
•기초학력 지도 및 위기학생 지원
•방역과 생활 건강교육을 통한 안전한 교육환경
•스포츠 클럽 운영을 통한 건강한 학생 건강도모
•체험중심 재난교육으로 학교안전 보장
•학교폭력예방교육 내실화
•학교-마을 의제 발굴
•마을과 연계한 학생 성장 중심 프로그램 운영
•지역혁신교육 생태계 연계

2장

학교혁신과 지원체계

2장 학교혁신과 지원체계

Ⅰ. 학교혁신과 행정체계 개편

문재심(교감)

1. 혁신학교에서 교감으로 살아가기

평소 혁신학교에서 근무해보고 싶었던 나에게 선유중학교로 발령이 난 것은 큰 행운이고 행복이었다. 우리 학교에 와서 제일 먼저 느낀 건, 아무리 작은 일이라도 함께하는 교사들 간의 분위기였다. 내 일, 네 일을 가리지 않고 함께 협업하고, 소통하며 합의점을 도출하기 위해 서로 고민하고 배려하는 모습에서 참 따뜻하고 친절한 선생님, 그러면서도 누구도 따라갈 수 없는 열정적인 선생님들의 모습을 발견할 수 있었다. 이는 지역적으로 열악하고 가정환경이 좋지 않은 학생들과의 관계 속에서 오는 교사들의 고민과 혁신학교에 근무하면서 변화를 시도하려는 열정이 묻어난 것이 아닐까라는 생각을 해 보았다. 작년 3월, 새로운 학교에서의 바쁜 학기 초. 코로나19 팬데믹 상황의 학교는 처음 접해보는 새로운 일들로 학사일정은 바뀌고 또 바뀌게 되면서 정상적인 학사 운영을 하는 데 어려움이 많았다. 3월이 되었지만, 교육부 지침으로 입학식은커녕 학생들은 등교조차 할 수 없는 상황이었고, 4월 중순이 되어서야 3학년을 시작으로 온라인 개학을 하였다.

코로나19 확산 속, 학교 수업의 정상적인 진행을 위해 불가피하게

시작된 원격수업은 교사들의 고민이었고, 나 역시 코로나19 시대에 적응하기 위한 관련 책들을 읽어가면서 수업에 대한 고민을 시작하게 되었다. 차츰 1/3, 2/3 학생 등교가 시작되면서 방역 및 사회적 거리 두기 지침을 준수해야 하기에 평소 다양한 모형의 수업을 진행했던 혁신학교도 마스크를 끼고 있는 교사와 학생들 간의 일방적인 전달식 수업으로, 수업은 지루하고 재미가 없을 수밖에 없어 교사도 학생들도 지쳐가고 있었다.

그러던 중 모 방송에서 특집 다큐멘터리 〈혁신학교 코로나19 대응기〉를 방영한 적이 있다. 현재의 어려운 상황에서도 혁신학교에서 이끌어나가는 다양한 수업들을 보면서 우리도 하면 되지 않을까라는 생각을 하였지만, 혼자만의 생각과 의지로는 당연히 불가능한 일이었다. 대부분 교사들이 방역에 대한 위험 부담과 그로 인해 생길 수 있는 결과들을 생각하면 두려움과 걱정이 앞서 감히 나설 수가 없는 상황이었다. 학교에서 교감은 방역과 온라인 수업에 대한 걱정과 고민으로 하루에도 몇 번씩 협의회를 했지만, 섣불리 강요할 수 없는 비대면의 제한된 교육 활동들은 시간이 지나도 해결의 기미가 보이지 않았다.

지난 1년, 원격수업이 자리를 잡으면서 학교 교육 현장은 급속도로 변하고 있다. 지금의 온라인 수업으로 빅데이터가 축적되면 인공지능으로 학생 수준별 맞춤형 수업을 제공하는 것을 최종 목표로 두고 있으며, 2025년 전면 시행되는 고교학점제에도 원격수업이 그대로 활용된다는 기사를 본 적이 있다. 10년이 더 걸릴 법했던 시간과 공간을 초월하는 미래형 학교로 급속하게 진화하면서 시대가 앞당겨지고 있다.

혁신학교로 재지정된 지 올해로 8년 차인 우리 학교는 교육공동체가 함께 협의하며 행복한 배움으로 함께 성장하는 공동체를 만들기 위해 소통과 협의 문화 일상화, 상호 신뢰를 바탕으로 비판적 대안을 만들어가는 공동체 의식을 만들어 모두가 주인이 되는 행복한 학교를 만들기 위해 노력하고 있다.

민주적 학교문화 정착을 위하여 교육공동체는 함께 협의하고, 누구나 의견을 제시하고 대안적인 비판을 제시할 수 있는 분위기 형성을 위해 교직원 회의 문화를 바꿔 실천하고 있다. 또한 학생들을 교육주체로 세우기 위한 방안을 실천하면서 학생회는 학생들의 소리를 듣고 목소리를 내면서 문제를 해결하는 교육의 주체자로 변화해 가면서 교육공동체의 일환으로 함께 성장하고 있다.

학교의 모든 일원은 교육의 주체가 되어 학교의 상(象)을 만들고 학교의 비전을 위해 함께 실천할 때 창의적인 교육과정은 실현되고, 교육 주체를 확대하며 교육의 장을 학교 밖 지역으로 확장될 때 그 속에서 학생들은 행복한 민주시민으로 성장하지 않을까라는 생각을 해본다. 교사들은 교직문화, 업무개선, 관계의 변화 등을 통해 교육 전반에 대한 인식의 변화를 경험하고 있다. 과거 10여 년 전과 비교해도 크게 변화를 체감하는 부분이 교장, 교감의 역할과 이미지다. 이제는 혁신학교뿐만 아니라 일반 학교에서도 교장, 교감의 이미지는 '수직적 관계인 엄격한 관리자'에서 '따뜻하고 배려 깊은 소통 창구의 든든한 지원자'로 변해가고 있다.

2017년 교육과정 특성화 지구 일본어 중점 학교에서 교감으로 근무할 당시 MOU를 맺은 일본 도쿄 선진학교를 방문한 적이 있었다. 특별실, 교무실, 복도, 현관 등 공간을 다양하고 새롭게 탈바꿈한 그 학교의 모습을 보면서 이제 우리 학교 공간도 일제 강점기의 공간을 무너뜨리고 학생들의 창의력을 무궁무진하게 발산할 수 있는 열린 공간으로 탈바꿈해야 된다는 생각을 했었다. 열린 공간 구조의 변화는 학생과 교사의 상호작용을 활성화하면서 학생들의 수업에서 협동심을 자극할 뿐만 아니라 교사들의 전문적 학습공동체 역량도 함께 이끌어 낼 수 있기 때문이다. 이후 나는 행복한 학교를 만들기 위한 학교 공간의 구조 변화에 대한 관심이 더 많아졌다. 때마침 교장 선생님으로부터 '행복한 학교를 만드는 공간혁신'이라는 책을 선물 받아서 읽고 많은 생각을 하게 되었다. 저마다 동네도 다르고, 학급 학생들의 구성원도 다르고, 학교의 특색이나 교육과정도 다른 상황인데도 불구하고 모든 학교들은 비슷한 형태와 구조, 거의 똑같은 교실의 모습을 가지고 있다. 쉴 공간과 놀이 공간이 부재한 삭막한 실내 공간, 학생들의 관리를 편하게 하기 위한 긴 복도, 좌우로 소통하기 힘든 강의식 수업 교

실 등은 다양한 관점에서 세상을 볼 수 있는 창의력 증진의 소통 공간으로 너무나 부적합한 모습들이다. 공간이 바뀌면 아이들의 생각과 행동이 바뀔 수 있다. 협의회 공간이 어떤 분위기 인지에 따라 회의 분위기가 달라지듯 말이다. 공간이 주는 억압감은 더 큰 상상의 나래는 물론 누구나 자신만의 창의력을 증진 시킬 수 있는 좋은 기회를 방해하는 장애물이 될 수도 있기 때문이다.

"학교는 평생에 힘이 되는 기억과 경험을 만들어 주는 곳"이 되어야 한다던 어느 교장 선생님 말씀이 생각난다. 이런 학교에서 자신을 키워준 사회에 공헌하는 것이 가치로운 삶이라는 걸 익히며 자란 학생들이 대한민국 사회를 이끌어가는 시대가 곧 올 것이다.

2020년 9월, 경기도가 혁신학교를 만들 당시 선구자라고 할 수 있는 전종호 교장선생님을 모시게 되었다. 민주적 학교 문화풍토에서 학생자치 문화에까지 두루 관심이 많으신 교장 선생님 덕분에 혁신학교 기본 바탕인 민주적 소통을 하면서 매일 매일 새로운 것들을 배우고 있다. 더불어 시인이신 교장 선생님은 책 읽기와 글쓰기를 좋아하시는데 매주 금요일이면 한 주 동안 고생하신 선생님들께 좋은 글을 써서 보내주시곤 하신다. 파주 모 지역신문에 실리는 교장 선생님의 칼럼을 읽을 때면 참교육을 위해 애쓰시는 멋진 선배 교사라는 생각이 들어 더욱 존경스럽다.

매일 매일 다양한 많은 것들을 학생, 학부모님, 선생님들과 함께 고민하며 계속 이어지는 수많은 협의회 덕에 눈, 코 뜰 새 없는 바쁜 나날의 연속이지만, 나는 오늘도 사랑하는 우리 아이들과 아침맞이부터 점심 급식 지도까지 눈 맞춤으로 교감하면서 행복한 생활을 하고 있다. 교감이라는 무거운 자리에서 몸은 힘들지만, 선유중학교 교감으로 나는 참 행복하다. 내 마음을 함께 공유할 선생님들이 계셔서 더 행복하다.

2. 학교자치기반의 학교업무정상화 추진 계획

가. 학교업무정상화의 의미

학교업무정상화는 교육활동 중심의 조직과 문화를 조성하고, 교직원이 교육주체로서의 역할과 책임을 바탕으로 불필요한 행정업무를 개선[6]하여 학교가 학생중심 교육과정 운영에 전념함으로써 모든 학생의 행복한 성장을 지원하도록 하는 것

나. 추진 목적 및 방향

☐ 관행적이고 불필요한 행정업무 개선으로 학교의 행정업무 부담 경감

☐ 민주적 소통을 통한 학교 업무 분석 및 업무 분장으로 협력적 학교문화 조성

☐ 교사가 수업 및 학생 생활 지도에 전념하는 교육 활동 중심의 학교 시스템 구축

☐ 학교업무 정상화의 취지와 목적에 대한 모두의 인식 제고 및

공동의 노력 견인

□ 학교업무 분석 및 업무 분장을 위한 민주적 소통 구조 확대

□ 학교의 행정업무 부담 경감을 위한 학교 전체의 행정업무 분석 및 업무 개선

□ 학교의 학교업무정상화 추진 지원을 위한 교육청의 현장 공감 지원 행정 구현

다. 비전 및 추진체계

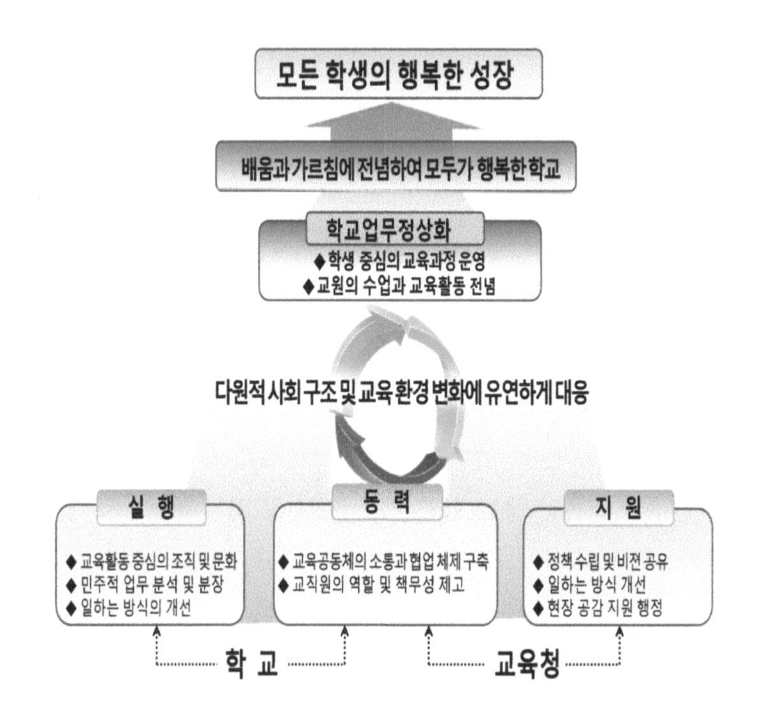

라. 세부 추진 계획

1) 학교자치기반의 학교업무정상화 문화 구축

◉ 민주적 소통을 위한 학교업무정상화 협의체 구성

■ 구성

① 교무행정업무 TF팀 : 교감, 보직교사, 비담임, 교무행정업무 담당 실무사

② 교직원회의, 학교 운영위원회 등 교육공동체의 다양한 의견 수렴 및 합의

창구 마련을 통한 연계적 운영

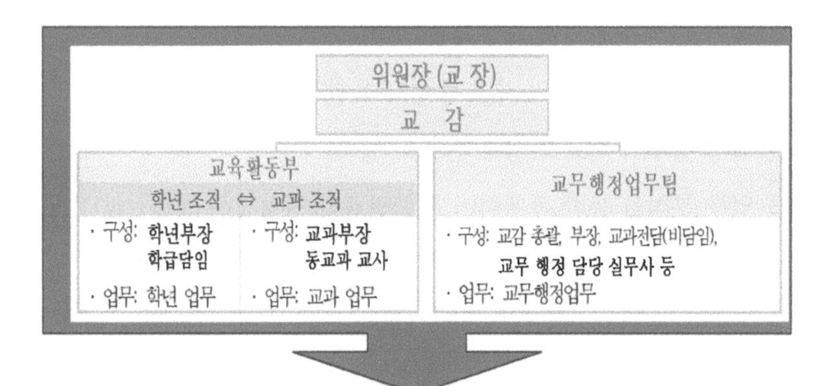

■ 역할

① 학교업무 정상화 공감대 형성 및 비젼 제시를 통한 교육 활동 중심의 학교 재구조화 방향 설정

② 업무분석을 토대로 민주적 업무 분장과 관련된 협의

③ 교직원 간 업무 갈등 발생 시 민주적 협의를 통한 업무 조정

④ 감염병 등 학교 환경변화에 신속하고 유연하게 대응할 수 있는 교육활동 중심의 업무 재구조화를 위한 교무행정 업무 및 협력 지원체

제 구축 조정

■ 운영

① 온·오프라인 병행의 소통과 협의 문화 활성화

② 연 2회 이상 업무 경감 관련 협의 추진

2) 학교업무 간소화 효율화

◉ 관행적이고 불필요한 업무 개선

① 결재 단계 간소화를 통한 학교업무 효율화 및 업무 경감

② 법적 근거가 없거나 교육적 효과가 미비한 업무 폐지

③ 전시성, 실적 위주의 사업 중심 교육활동 지양

④ 법정 장부외 학교장 장부 간소화 및 전자화

⑤ 업무 분석을 통한 관행적이고 불필요한 행정업무 개선

- 교육 활동 또는 행사 시 불필요한 현수막 게시하지 않기

⑥ 교육과정 재구성을 통한 각종 (교육 관련)행사 교육과정으로 흡수·운영

3) 교육 활동 중심 학교조직 및 문화

◉ 민주적 소통을 통한 학교업무 분석 및 업무분장

① 학교 구성원의 다양한 의견을 수렴한 학교업무 분석 및 업무분장

② 업무 분석을 통한 관행적이고 불필요한 행정업무 추출

③ 업무분장 시 학교 교육공동체의 공정한 참여 기회 보장

◉ 학교 안 전문적 학습공동체 중심의 학습조직 활성화

① 교직원의 참여와 협업으로 학생중심 교육과정 편성·운영

② 전문적 학습공동체 내실화를 위한 교육공동체 간 공동의 비전

수립 및 실천

③ 온라인 개학, 원격수업 등 달라진 교육환경에 따른 교원의 수업과 교육 활동 전념 지원

4) 일하는 방식 개선

◉ 교육환경 변화에 유연하게 대응할 수 있는 시스템 구축

① 실천 전략

(1) 유연한 목표 설정	(2) 협업 강화	(3) 합리적 대응과 조치
교육 환경변화를 감안한 목표 기간 및 여건 수정의 유연화	변화되는 교육환경에 대한 담당업무의 유동성 및 협업 체제 강화	실시간 정보 공유 및 피드백을 통한 교육공동체 합의 시스템 다양화

② 권한 위임 및 책임 부여 확대

- 스몰 스쿨 단위의 권한 위임 및 책임 부여 확대

- 책임과 권한을 공유하는 위임전결 규정 확대와 이행

③ 수업(집중 근무)시간 회의, 보고, 메신저 자제

④ 결재 단계 간소화를 통한 학교 업무 효율화 및 경감

⑤ 행사 및 동원 위주의 보고회 운영 방식 탈피

5) 학교업무 정상화 추진 평가 및 환류

◉ 학교업무 정상화 추진 평가 및 환류

① 학교업무정 상화 만족도 설문 조사 실시 및 결과 분석 후 개선

과제 도출을 통한 자정적 노력

- 학교 자체 평가와 연계하여 운영

② 교직원회, 대토론회, 학교교육과정 평가회 등을 통한 지속적 결과 환류

③ 학년말 교육공동체 대토론회 실천 사례 공유 및 개선안 마련으로 추후 교육과정 계획서에 환류

3. 팀 제 운영을 통한 조직효율화 방안을 제안한다

A. 목적

가. 학교 행정업무 및 학교 공간의 합리적 재조정 및 효율화를 통하여 학교 교육력을 제고하여 교수학습의 질을 고양시킨다.

나. 학교와 교사의 업무의 중심이 교육과정 운영과 수업에 전념할 수 있도록 한다.

다. 학교의 민주적 운영과 그 성과에 대한 책무성을 강화한다.

라. 교육공동체의 다양한 요구에 부응하는 교육활동 중심의 지원행정으로 교육의 효율성 증대시킨다.

B. 방침

가. 학교 행정업무를 조정하여 수업중심 학교조직으로 재구성한다.

나. 교원행정업무 경감을 통하여 수업과 학생생활지도 중심의 교사 본연의 임무를 충실하게 한다.

다. 교무행정과 일반행정의 업무 중복을 방지하고, 상호간의 의사소통을 원활하게 하여 협력적 학교문화를 조성한다.

라. 교사의 행정부담을 최소화하고 수업에 전념할 수 있도록 업무 분장을 조직한다.

마. 교육과정 운영과 수업을 지원할 수 있는 학교행정체제를 구축한다.

C. 업무경감체제

가. 교무행정 주무관제 운영

1) 교감 직속의 교무행정주무관팀 운영 [공문작성, 학적, 수업계, 전입학 상담 업무]

2) 업무 경감과 원활한 학생지도를 위한 상담 인턴, 사서 교사, 특수보조, 공익요원 채용

담당자명	업 무
교무행정 주무관 1	전입학 학적담당, 교과서, 건강기록부, 상장관리, 주간 월간 계획, 제증명발급, 교무일지, SMS 관리, 공문작성
교무행정 주무관 2	시간표 작성, 교육자료 작성, 교무실 비품 및 청소관리, 강사 관리, 각종 임명장, 행사관리, 전광판 관리, 공문작성
전문상담 교사	전문 상담, Wee-Class 운영
사서교사	도서실 업무, 독서행사 추진, 도서관 활용수업 협조
사회목무 요원	학교 순찰, 행정보조, 과학실 실험 보조 방송업무 보조
특수교육 보조(교사)	수업 보조, 특수학생이동 협조, 현장체험 및 직업체험활동 보조

나. 학습활동을 위한 행정조직 및 회의 활성화

1) 수업 위주의 업무 분장 및 조직 구성

2) 새 학년 시작 전(2월) 교육계획 수립 및 1인 1분장 시스템으로 불필요한 회의 축소

3) 교직원 워크숍(2월 전입교사 포함)으로 전직원 학교 경영방침 및

교육계획 숙지

다. 결재 라인 간소화 - 회계, 연수 등을 제외한 업무를 교감 및 부장 전결사항으로 체계적으로 분류 시행함으로써 결재에 소요되는 시간과 노력을 절감

D. 팀 운영을 통한 조직 효율화

가. 최근의 조직경영학의 추세

1) 조직재설계(organization redesign) 분야의 주목 현상과 여기에서 일어나는 중요한 현상중의 하나가 자율적인 작업팀(self-directed work team)의 출현이다. 2) 전 세계의 모든 조직체들이 품질을 향상시키기 위한 프로그램을 개발하여 시행하고 있다. 총체적 품질경영(TQM)이 대표적이다. 3) 대분의 기업에서 다운사이징(downsizing)을 실시하고 있다. 4) 거의 모든 조직이 모험을 감행하고 있다. 5) 직원참여(employee involvement)의 중요성이 점점 커지고 있다. 6) 다기능 팀들이 많이 구성되고 있다. 7) 부서간의 협조체제(팀워크)가 강조되고 있다.

나. 교무행정팀제 운영

1) 보직교사는 계원 없이 담당업무를 처리하고 행정 관련 보직교사들을 팀 체제로 구성하여 공동의 상시적 협의체제 구축

2) 전시성 행사, 전달 회의 지양(쿨 메신저 활용)

3) 1인 1분장 시스템 구축으로 불필요한 회의 없이 담당자 책임 업무처리

4) 교무, 연구, 교육과정, 학교혁신 등 수업과 학생지도를 제외한 일반적 교무업무 전담

5) 부장의 업무편중 현상은 연간 1/3씩 보직교사를 교체하는 순환보직제도를 적용하여 덜어 주고 동시에 다른 교사들의 경력관리 기회

를 제공함

다. 학년팀 중심의 교수학습팀 운영

1) 학년부장 중심의 학년팀 운영

가) 학년부장 책임 하에 학교 내 작은 학교(미니스쿨)로 운영

나) 수업, 생활지도, 학생 상담 등 학교 본연의 임무에 충실

다) 학년별 특색 있는 교육과정 운영 - 통합교과, 체험학습 운영

라) 담임교사는 행정업무에 제외시켜 수업과 학급운영에 전념할 수 있는 환경조성

2) 학년팀 지원을 위한 교육과정, 수업전략 연구팀, 상담지원팀 운영

3) 운영 조직

교수학습팀					
1학년부	2학년부	3학년부	수업혁신부	상담지원부	교육과정부

교무행정팀									
교무기획부	학생인권부	교육정보부	교육연구부	교육평가부	생태과학부	방과후학교부	평생교육부	국제이해교육부	행정지원팀

라. 회의 구조 단순화 및 각종 위원회 통폐합 운영

위원회	업무	위 원(구성)
학교운영위원회	교과서선정협의회, 학교교육분쟁조정위원회, 방과후학교 운영협의회 현장학습 활성화 위원회	학부모위원, 교원위원. 지역위원
교육과정위원회	교육과정 편성·운영 협의회, 자율장학위원회, 이수인정평가위원회(해당교과교사), 교재교구선정협의회, 교과협의회(교과별), 도서심의	교감, 교무기획부장, 수업혁신부장, 교육과정부장, 교과부장

위원회	업무	위 원(구성)
	위원회(사서교사), 독서지도 위원회(사서교사),전·편입학 심사 위원회	
학교혁신 위원회	학교교육계획, 학교정책, 평가계획 등 학교의 실무와 정책에 대한 개선안의 심의할 수 있는 학교정책생산기구	교장, 교감, 교무, 교육과정, 수업혁신, 학년부장, 담임교사 대표 3명
학교폭력 대책 전담기구	학교폭력 대책 전담기구	교감, 학생인권부장, 학년부장, 학부모 대표, 변호사위원, 학교담당경찰관, 범죄예방위원
학생 생활교육 위원회	학생 선도 및 징계. 추수지도	교감, 학생인권부장, 학년부장, 학부모 대표, 해당 담임교사
학생 복지위원회	장학생 선발 위원회, , 봉사활동 추진 위원회, 학생복지심사 위원회, 학생회 지도 위원회, 수상관련	교감, 교무기획부장, 학생인권부장, 학년부장
학업성적 관리 위원회	학업성적관리 위원회, 교육과정 이수인정 위원회, 무감독시험 추진위원회	교장, 교감, 교육평가부장, 교무기획부장, 교육정보부장, 학생인권부장, 각학년부장, 상담지원부장
인사위원회	교내인사 및 포상 등에 대한 실질적 결정 주체	교감, 교무, 교사 대표

Ⅱ. 친절한 교육행정실 운영방안

오윤석(행정실장)

1. 행정실 업무 개요

각급 학교에는 각각 행정실이 있습니다. 선유중학교 행정실에서는 학생들이 교육을 잘 받을 수 있는 학교환경 조성을 위하여 예산, 계약, 지출, 시설관리, 급식, 물품 및 재산관리 업무 등을 수행하고 있습니다. 그럼 학생들을 위하여 선유중학교 행정실에서 수행하는 자세한 업무를 차례로 설명하도록 하겠습니다.

2. 예산

예산이란 학교가 1년 동안 교육활동에 필요한 세입과 세출을 체계적으로 계획을 수립하거나 조정하는 업무를 말합니다. 매년 12월이 되면 행정실에서는 내년 교육활동을 위하여 필요한 예산을 교직원들에게 취합을 받아 예산조정회의를 거쳐 다음 학년도 예산(안)을 확정하게 됩니다. 그러면 예산(안)을 학교운영위원회에 통보하여 심의받은 후 새 학기가 시작되면 교육활동을 위하여 사용하게 됩니다. 그러나 학기 중에 예산 편성 당시에는 예기치 못했던 사안이 발생할 때 추가경정예산을 편성하여 사용하게 됩니다. 물론 추가경정예산도 학교운영위원회에 통보하고 심의를 받아야 합니다. 이렇게 사용한 예산은 결산을 하게 됩니다. 결산이란 1년 동안 사용한 수입과 지출을 계산하여 재산 상태(세입, 세출)를 알 수 있도록 하는 작업입니다. 간단히 말하면 한 회계연도에 있었던 수입과 지출에 대한 결과물이며 작업 후에는 학교운영위원회에서 심의받은 후 학교 홈페이지에 공개합니다. 이런 모든 과정을 거친 후 학년도 예산을 마무리하게 됩니다.

가. 학교회계 수입

학교회계 수입은 교직원에게 급여를 주거나 업체에 대금 지급 등을 위한 재원을 징수하고 수납하는 일체의 수입 업무를 말합니다. 보통 교육청에서 지급하는 전입금 수입이 있으며 학부모나 교직원이 직접 부담하는 수익자부담수입등이 있습니다. 특히 수익자부담수입을 위하여 행정실에서 학부모들에게 스쿨뱅킹 및 카드를 통하여 직접 수납을 받고 있으며 환급액 발생 시 반환하는 업무를 수행하고 있습니다.

나. 계약 및 학교회계 지출

예산 편성 후 교직원들은 학생들을 위한 교육활동에 필요한 물품, 용역, 공사를 위하여 품의를 하여 행정실에 계약을 요청합니다. 그러면 행정실에서는 법령을 검토하여 계약 방법을 결정합니다. 결정 후에는 나라장터, 학교장터를 통하여 입찰 및 물품 구매를 하거나 아니면 직접 업체와 수의계약을 체결하기도 합니다. 계약(원인행위) 후에는 업체에서 물품을 적기에 납품하는지 아니면 공사가 제대로 시공하는지 감독을 하게 되며 업체가 사업을 마무리하게 되면 검수, 검사를 통하여 최종 확인을 하여 대금을 지급합니다. 행정실에서 보통 한해 천여 건이 넘는 계약 및 지출하는 과정에서 간단한 계약도 있지만 금액 및 사업(교복구입, 수학여행, 대규모 공사 및 물품 구매)에 따라 입찰, 2인이상 견적제출, 다수공급자계약(MAS), 규격가격분리 동시입찰을 통하여 몇 개월이 걸리는 사업도 수행하고 있습니다.

3. 학교운영위원회 및 학교발전기금

각급 학교에는 학교운영위원회를 운영하고 있습니다. 학교운영위원회는 학교 운영에 학부모, 교직원, 지역 인사가 참여함으로써 학교 정책 결정의 민주성 및 투명성을 확보하고, 지역 실정과 학교 특성에 맞는 다양한 교육을 창의적으로 실시할 수 있도록 심의·자문하는 기구입니다. 매년 3월이 되면 행정실에서는 선거를 통하여 학교운영위원회 위원을 구성합니다. 우리 학교는 학부모위원 4명, 교원위원 3명, 지역위원 2명 총 9명으로 구성을 하며 구성 후에는 학교헌장과 학칙의 제정 또는 개정, 학교 예산과 결산, 학교교육과정의 편성·운영 등 학교 중요 안건을 심의를 하게 됩니다. 행정실에서는 간사직에 선임되어 학교운영위원회 지원 및 회의 소집 업무, 회의 결과 공개업무 등을 수행하고 있습니다. 그리고 학교발전기금은 학교운영위원회 위원장 명의로만 조성할 수 있습니다. 위원장 명의로 조성된 금액이나 자발적인 기부금품이 있는 경우 학교운영위원회 심의를 거쳐 학생들의 복지 및 교육활동에 지원하게 됩니다. 물론 여기에 따른 회계업무처리를 행정실에서 처리하게 됩니다.

4. 급식

학교급식은 학교급식법 및 시행령, 시행규칙에 따라 성장기 학생들에게 필요한 영양을 공급함으로써 청결하고 안전한 급식을 제공하기 위해 다음과 같이 급식업무를 운영하고 있습니다.

학교 구성원의 영양기준량에 따라 식단을 작성하고 식재료 검수를 통해 원산지, 유통기한, 표시사항(법적기준) 등을 확인합니다. 작업시간 전에는 전처리, 조리, 배식, HACCP관리 등의 과정에서 발생할 수 있는 부주의한 사고를 예방하기 위해 개인위생 및 작업지시서를 통해 점검 후 조리를 시작합니다. 조리과정은 HACCP 현장 기록을 통해 전처리, 소독, 가열과정을 거친 후 배식이 시작됩니다. 급식 종료 후 식기 등 급식기구 세척에 사용하는 세척제 및 헹굼 보조제는 보건복지부 고시「위생용품의 규격 및 기준」에 적합한 제품을 용법에 맞게 사용하고 있으며 「일일위생안전청소점검표」를 작성하여 청소상태를 확인하고 있습니다.

그리고 안전하고 위생적인 학교급식과 위생사고 예방을 위하여 급식종사자 및 관련 인원(교직원, 식재료 공급업자, 학부모, 학생 등)에 대한 지속적인 위생 및 HACCP교육을 실시하고 있습니다.

또한 학생의 의견 수렴을 통해 급식만족도를 제고하고 있으며, 교육의 일환으로 영양·식생활 교육계획을 시행하여 올바른 식생활을 실천할 수 있도록 노력하고 있습니다.

6. 학교시설관리

학생들이 생활하는 공간이 교사, 운동장, 체육관, 급식실 등을 점검하여 학생들 교육활동에 불편함이 없도록 행정실에서 정기 검사 및 수선업무를 수행하고 있습니다. 첫 번째로 학생 안전을 위하여 매월 4일 안전 점검의 날과 해빙기, 여름철, 겨울철 정기 검사를 통하여 이상 발견 시 출입 금지 및 긴급조치를 실시하고 있으며 두 번째로는 전기, 소방, 승강기, 통신, 방송에 전문업체와 관리위탁 계약을 체결하여 자격을 가진 자들이 학교시설관리를 위하여 월 1회 이상 정기 검사를 실시할 수 있도록 하였습니다. 특히 전기는 전기안전관리자를 선임하여 매월 4회 안전 점검, 소방은 매월 자체 점검 및 연 1회 작동기능점검 종합정밀점검을 실시하여 화재 발생 시 학생들이 안전하게 대피할 수 있도록 관리·점검을 하고 있습니다. 마지막으로 시설관리유지보수업체와 계약하여 상주하는 인력과 주 2회 방문하는 시설관리센터 담당자와 협의를 통하여 노후화된 학교 시설물 보수를 진행하고 있습니다.

7. 물품 및 공유재산 관리

학생과 교직원들이 사용하는 물품 및 재산도 「공유재산 및 물품관리법」 등 관련 규정에 따라 운영되고 있습니다. 첫 번째 물품은 취득 후 대장에 등록하고 물품 보관 및 책임자를 지정하여 관리하고 있으며

2년마다 관리 장부상 물품 수량과 현품 수량의 일치하는지 재물조사를 시행하고 있습니다. 물품이 처분도 관리 규정을 준수하여야 하는데 불용결정 후 관리전환 소요 조회를 시행하여 신청하는 기관이 없으며 매각·해체·폐기 중에 하나를 선택하여 처리합니다. 특히 매각은 일정 금액 이상이면 「전자자산처분시스템(온비드)」을 이용하여 일반입찰로 매각 처리합니다. 재산은 우리가 사용하는 건물, 토지, 수목, 부속물을 대장에 등재하여 관리되고 있으며 외부인이 학교시설을 사용할 목적으로 신청하는 경우 사용 허가 여부를 검토합니다.

8. 급여 및 인사(복무)

학교에는 학생들을 위하여 교원, 지방공무원, 교육공무직원, 사회복무요원이 근무하고 있습니다. 여기에 따른 급여 업무를 행정실에서 처리하고 있습니다. 매월 17일 또는 말일에 지급하는 급여를 위하여 매월 초 NEIS에서 급여 작업을 하고 있으며 연말정산, 공무원연금, 4대 보험 업무처리도 행정실에서 처리하고 있습니다. 그리고 「지방공무원법」,「근로기준법」,「병역법」에 적용을 받는 지방공무원, 교육공무직원, 사회복무요원이 인사 및 복무에 관련된 업무도 행정실에서 같이 수행하고 있습니다.

9. 민원 및 기록물 관리

학교에서는 학부모, 학생, 지역주민들이 제증명 발급, 행정정보

공개 등 학교에 민원을 신청할 수가 있습니다. 민원 신청 시 행정실에서는 민원을 접수하여 관련된 규정에 따라 처리를 하고 있으며 기록물 또한 「공공기록물 관리에 관한 법률 시행령」에 따라 문서, 도서, 대장, 카드, 도면, 시청각 기록물, 전자문서 등을 등록하여 관리하고 있습니다.

Ⅲ. 혁신교육을 위한 교원연수체계

최경아(전 혁신부장, 두일중 교사)

1. 혁신학교 예비지정교

2014년 혁신학교 입문을 위한 예비지정교(혁신학교 참여기)로 혁신교육 이해 원격연수 및 혁신학교(의정부여중)탐방 교원연수, 파주지역 혁신학교 수업공개 참여 등 혁신학교 신청을 위한 교원역량 강화 활동을 지원하였으나 관심있는 소수 교사 중심으로 혁신교육에 대한 연수를 실시하였습니다.

2. 혁신학교 1년차~4년차

혁신학교 교원역량 강화를 위하여 다음 표와 같이 3가지 시스템을 기본방향으로 하여 교원연수 체계를 구축하여 운영하기 시작하였고, 3년 차부터 배움중심 수업에 대한 수업역량 강화는 전문적학습공동체 직무연수를 조직적으로 운영함으로써, '스스로 만들고 적용하는 교원연수 시스템'을 구축하였습니다.

혁신교육리더 역량강화	자체연수를 통한 교원역량강화	외부강사 초청을 통한 교원역량강화
-경기도 교육청주관 혁신아카데미 리더연수 이수 (4년간 50% 교원 이수완료) -경기도 교육청주관 전문적학습공동체리더 연수 참여	-매주 수요일 전문적 학습공동체의 날을 활용한 자체 역량강화 연수 운영 -혁신교육 관련 개인 맞춤형 원격연수 지원 -교직원 힐링 자체 연	[1년차] -교사 행복수업 -행복한 성장을 위한 인문학이야기 -배움중심수업 [2년차] - 교사 마음열기 성장

-파주혁신교육네트워크 참여 -파주실천연구회 참여	수(목공연수, 새활용 교육연수 등) -교직원 워크샵	프로그램(36시간) - 회복적 생활교육이야기 [3년차] -교육과정 재구성을 통한 교과융합수업 만들기

지역학교와 함께 성장하는 연수	- 관리자 및 교사 대상 혁신학교 공개의 날 ◦본교 전문적학습공동체운영 안내 ◦교사동아리 활동 소개 및 견학 안내 ◦배움중심 수업공개 및 운영 나눔 ◦교직원 대토론회 운영 및 참여 - 혁신거점학교 주관 지역사회 교원 연수 운영 ◦배움중심 수업공개 및 운영 나눔 ◦2018-2019 파주지역 혁신학교 전입교사 워크숍

가. 혁신학교에서 살아가는 교원 마음 만들기 연수

2014년 교육공동체의 꿈 · 보람 · 만족을 향한 혁신학교로의 첫발을 내딛던 1월 리더 5명은 경기도교육청 주관 혁신아카데미 리더 연수를 시작으로 4년간 방학 중 실시하는 혁신아카데미 리더 연수에 부장 및 그 외 2명 이상 참여함. 매년 초 2월 신학기 교원연수를 통해 혁신철학 및 비전 공유를 위한 연수 및 학생중심 프로그램 운영을 위한 실천중심의 교직원 연수 기획하고 운영하였습니다.

해마다 실시하는 교사의 약속 -1년차(좌), 3년차(우)-

혁신학교 1년차 교사 선서식	혁신학교 3년차 교사 선서식

small school 운영 방안 자체연수	혁신학교 2년차 현안문제해결 자체연수
‘프로젝트 수업’ 저자 연수	놀이학습 연수

-2월 교직원 연수-

혁신학교 1년 차부터 매주 수요일 시정표 조정을 통한 정기적학교안 전문적학습공동체의 날을 활용한 직무연수를 계획하고 운영하였습니다. 이 과정에서 함께 바라보는 혁신의 방향이 필요하다는 것을 모든 교사라 공감하였고, 이 공감은 혁신학교를 통해 만들고 싶은 교육공동체의 행복 그리고 교사와 학생의 행복은 병행되어야 하다는 의견 속에서 외부강사 초청 '행복한 성장을 위한 인문학 이야기(혁신학교 사례중심)' 및 행복한 수업 전문 연수 외부기관 초청 교사 '행복수업' 연수를 3주에 걸쳐 실시하였습니다. 이러한 노력에도 2년 차 혁신학교는 갈등 속에서 시작이 되었고, 이 갈등을 해소하기 위한 1학기 '교사 마음 맺기 프로그램' 36시간 성장 프로그램 연수를 아래와 같이 실시하였고, 함께 만드는 선유 교육의 철학을 공유하게 되었습니다.

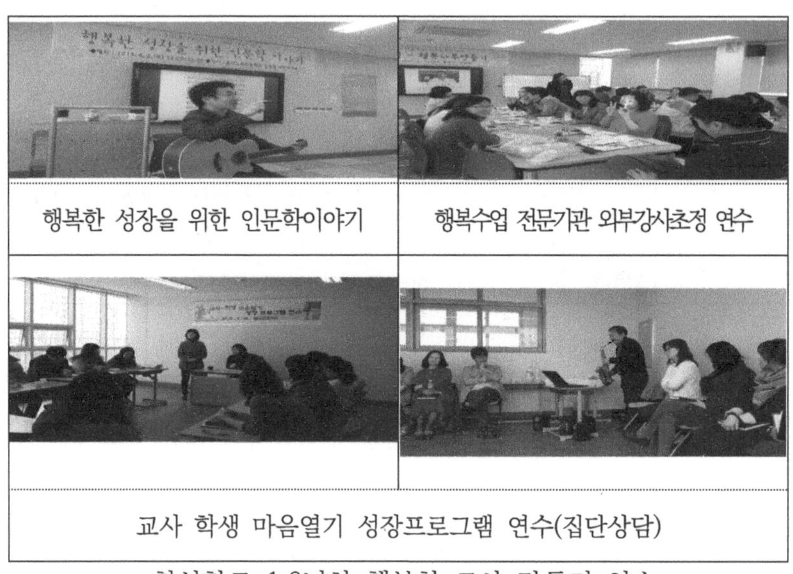

행복한 성장을 위한 인문학이야기

행복수업 전문기관 외부강사초청 연수

교사 학생 마음열기 성장프로그램 연수(집단상담)

- 혁신학교 1,2년차 행복한 교사 만들기 연수-

[교사 마음열기 성장프로그램 연수 운영계획]

강 의 명	교사-학생 마음열기 성장프로그램 연수	인원 수	선유중 교사 25명	
수업기간	2015.02.24.~ 08.26	수업시간	36시간	
강의주제	나의 애착유형과 인간관계에 대한 이해를 통한 관계 개선 증진 방안 모색		강사명	정○○ 교수
강의목표	나의 애착 유형이 인간관계에 미치는 영향, 나의 애착유형의 특성을 고려하고 자기성찰을 통하여 인간관계를 개선시킬 수 있는 방법을 배운다.			

일자	주 제 (강의 방식)	교 육 내 용	시수
오리엔테이션 (2 /24)	나의 애착유형 탐색1(집단상담)	-나의 애착 유형에 대한 이해 -나의 애착 유형이 인간관계에 미치는 영향	6시간
1 회 (3 /11)	나의 애착유형 탐색2(집단상담)	-나의 애착 유형의 특성을 고려하여 인관관계를 개선시킬 수 있는 방법 모색	3시간
2 회 (3 /25)	핵심감정탐색하기 (집단상담)	- 첫 기억을 통해서 체험했던 감정이 현재 나의 삶에 영향을 미치고 있음을 탐색하기	3시간
3 회 (4 /8)	핵심감정에서 놓여나기1(집단상담)	- 자연스럽게 인식되어 머무르게 되는 느낌이 현재 일어난 감정이 아니라 핵심감정임을 자각하고 놓여나기	3시간
4 회 (4 /22)	핵심감정에서 놓여나기2(집단상담)	- 자신의 핵심감정으로 타인의 감정에 접촉하는 어려움 탐색하기	3시간
5 회 (5 /27)	핵심감정에서 놓여나기3(집단상담)	- 자신의 핵심감정 자각하고 현재의 감정에 머무르고 마음나누기	3시간
6 회 (6 /3)	핵심감정에 놓여나기4(집단상담)	- 타인의 핵심감정 자각하고 현재의 감정과 소통하기	3시간
7 회 (6 /10)	나의 존재감인식하기1(집단상담)	- 나를 말할 때 누구(관찰자, 경험자, 인식자, 행위자)로 무엇을 말하는가를 인식하게 타인에게 미치는 영향 탐색하기	3시간
8 회 (6 /24)	나의 존재감인식하기2(집단상담)	- 타인을 통해서 나를 인식하고 설명하고 이해받기	3시간
9 회 (7 / 8)	지금여기에서 말하기1(집단상담)	- 자기개방, 공감, 경청을 통한 연결됨을 자각하기	3시간
10 회 (7 /15)	지금여기에서 말하기2(집단상담)	- 자기직면, 공감, 타인경청을 통한 친밀감 갖기	3시간

나. 수업혁신을 추구하는 연수

1년 차 배움중심 수업의 갈증을 수업동아리 중심의 원격연수로 진행하고 타 학교 수석교사 및 우수 수업교사 초청 연수를 진행하였으나, 배움중심 수업 사례 연수에서 자연계 수업의 교사의 경우 인문계 수업의 사례가 수업의 갈증을 해소해 주지 못했고 자연계 수업사례도 동일한 반응을 보여주었다. 교사들은 누군가의 수업을 따라하기보다 자체적으로 배움중심 수업을 연구하고 실천해보고 싶고 동료 교사끼리 함께 연구하는 연수를 통해 배움중심 수업을 구현해 보고자 하는 분위기가 형성되었고 드디어 자율적 수업 동아리가 조성되고 이후 학교 안 전문적학습공동체로 활동하며 교사가 만드는 수업 혁신 연수가 시작되었다. 이 후 2년 차 7월~9월에 걸쳐 연구수업이 아닌 수업혁신을 이루기 위해 수업 개방의 필요성을 인지하고 효율적인 수업 개방 방법을 연구하고 이를 실천하기 시작하였다. 이때 수업연구와 개방 그리고 공유는 우리가 만드는 연수의 기본 틀이 되었고 즐거운 수업의 변화가 시작되었다.

수석교사의 배움중심수업이야기 | 배움중심수업 자체연수

2년 차 2학기 학년 비전 구현을 위한 융합수업(전문가의 망토를 활용한 범교과 창업 프로젝트 수업) 연수 실시를 통한 3년 차 학교비전 구현 교육과정 재구성을 시작하였다.

다. 지역사회 학교와 함께 만들고 공유하는 연수

[모든 교사는 수업에 갈증을 느낀다! 다만 두려울 뿐이다!]

수업의 혁신을 추구하는 본교의 전문적학습공동체 운영에 대해 타 학교에서 많은 문의를 해 오기 시작하였다. 일단 '어떻게 운영하시나요?'라는 물음으로 시작하였고, 이를 말로 전하는 것은 한계가 있다고 판단하여 전문적학습공동체 중심의 공동 수업연구 및 수업에 대해 공개하고 함께 만드는 수업에 대한 사례 자율연수를 실시하고, 연구수업이 아닌 함께 만드는 수업이라는 즐거움을 공유하고자 하는 목적으로 연수를 실시하였다.

수UP 전학공 수학수업공개	수업나눔 성장일지

[혁신교육을 지역 학교들과 함께 나누고 성장할 수 있도록 하는 혁신거점학교!]

'행복 소리'거점학교 즉 파주의 행복한 교육공동체 만들기를 목표로 파주혁신교육에 대한 소통과 리(이)해의 징검다리 역할 혁신교육 연수를 다음과 같이 추진하였다.

['행복소리' 거점학교 운영계획]

가. '행복소리' 지원단 구성

구분	구성	비고
학교 안 지원단	각 부서장 및 담당교사	
학교 밖 지원단	혁신교육담당장학사, 혁신네트워크회장, 실천연구회 회장	

나. 행복소리 프로그램 운영 계획

과제		프로그램명	실시 계획(월)
행복한	수업 소통	학교개방을 통한 행복한 수업만들기	
		(본교) 전문적학습공동체로 만드는 수업 개방	5월 30일 11월 7일
		(타교) 종합평가교 및 혁신학교 전체와 함께하는 수업나눔 및 개방 지원	4월 9월
	소통하는 교원역량	교육공동체 연수프로그램 [교육과정-수업-평가, 성찰과 나눔의 북콘서트, 강연 등]	(북콘서트)7월 그 외 미정
	공유와 소통	혁신학교 교감협의회	7월, 11월
	혁신학교 리해	2019혁신학교 전입교사 역량강화 워크숍	2019년 2월

-북콘서트 팜플렛 (앞면)-

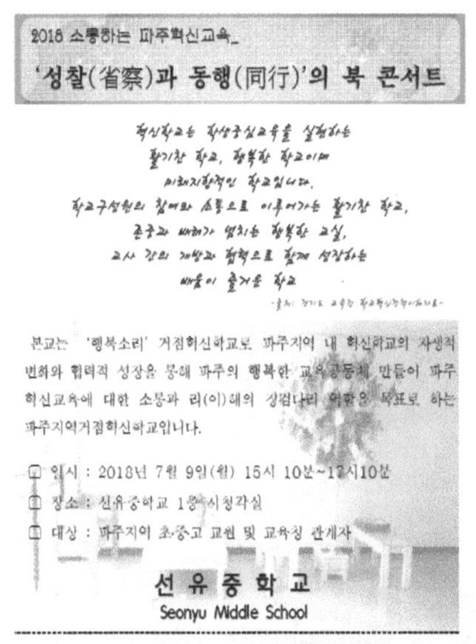

2018 소통하는 파주혁신교육_

'성찰(省察)과 동행(同行)'의 북 콘서트

혁신학교는 학생중심교육을 실천하는
활기찬 학교, 행복한 학교이며
미래지향적인 학교입니다.
학교구성원의 참여와 소통으로 이루어가는 활기찬 학교,
존중과 배려가 넘치는 행복한 교실,
교사 간의 개방과 협력으로 함께 성장하는
배움이 즐거운 학교

본교는 '행복소리' 거점혁신학교로 파주지역 내 혁신학교의 자생적 변화와 협력적 성장을 통해 파주의 행복한 교육공동체 만들어 파주 혁신교육에 대한 소통과 리(이)해의 징검다리 역할을 목표로 하는 파주지역거점혁신학교입니다.

- 일시 : 2018년 7월 9일(월) 15시 10분~17시10분
- 장소 : 선유중학교 1층 시청각실
- 대상 : 파주지역 초·중고 교원 및 교육청 관계자

선 유 중 학 교
Seonyu Middle School

북 콘서트 진행 순서

진행	프로그램	연주곡	예상 소요 시간
0. 오프닝	학교장 및 교육장 인사	-	5분
1. 인트로	○ 북 콘서트 소개	거쉰, 랩소디 인 블루	5분
2. 나를 어떻게 볼 것인가?	○ 화가의 자화상을 통한 자기 이해 및 성찰 - 프리다 칼로, 자코메티	슈만, 오이게비우스& 플로레스탕	20분
3. 타인과의 관계는 왜 어려운가?	○ 타인과의 관계 단절 - 에드워드 호퍼의 사실주의 작품 - 영화, 설리의 모든 것 / 광고 SSG ○ 타인의 삶을 깊이 있게 통찰 - 앤드류 와이어즈 "크리스티나"	에릭 사티, 난 널 원해	25분
4. 잠시 쉬어가는 시간	○ 미술과 음악,묻고 답하기	Happy Birthday	10분
5. '우리'라는 공동체의 지향점은?	○ 현대미술의 다양한 관점 - 론 뮤익, 데미안 허스트등 ○ 미래와의 조우 - 강이창	모차르트, 터키 행진곡	25분
6. 클로징	○ 성찰과 동행을 통한 행복한 일터, 삶	메들리, Imagine+재회+Obladi Oblada	5분

피아니스트와 미술평론가와의 만남	교육장님 북콘서트 방문

파주 지역에서 소통하는 교원역량 강화를 위한 북콘서트는 화가의 일생과 작품 속에 변화하는 선과 색감 그리고 이 변화를 피아노 음조의 변화로 표현하며 교육의 변화, 학생의 변화와 성장을 느끼고 공감하며 교육이 가야 할 방향을 함께 고민하고 생각해 볼 수 있는 북콘서트가 되었고 이날 약 150명의 교원과 교육청 직원이 참여하여 함께 공감하고 소통하여 주셨다.

함께 하는 교육처럼 수업도 이제 함께 하고 삶 속에 자라는 창의

융합교육이 되어야 한다는 교사들의 요구에 따른 교육과정 재구성 연수를 학교급별로 나누어 사례 중심의 교육과정 재구성 연수를 실시하였다.

초등 교육과정 재구성 연수

중등 교육과정 재구성 연수

2019 혁신학교 전입교사 연합 연수

2019 혁신학교로 새로 전입한 교사를 대상으로 초 · 중등 연합으로 혁신학교 이해와 준비 그리고 배움중심수업 등 혁신학교에 처음 근무하는 교사를 위한 연수를 교육청과 혁신거점학교가 연합으로 2년 연속 연수를 실시하였다.

Ⅳ. 혁신학교 8년 돌아보기 그리고 마주보기

이문석(교육혁신부장)

A. 교육과정 돌아보기

공통(5년차~8년차)

◈ 다양한 학생중심 교육과정 운영

- 학교평가결과공유 및 교직원 워크숍을 통한 학생, 학교의 특성을 반영한 교육과정 운영
- 다양한 활동중심 수업을 지향하는 교육과정 재구성을 통한 수업운영
- small school 중심의 학교교육과정 운영

◈ 배움중심수업을 바라보는 관점의 질적 향상을 도모하여 상시적 수업공개 분위기 촉진

- 수업 나눔의 간소화 및 피드백을 고려한 상시적 수업공개 - 수업 나눔 대장 및 나눔일지 활용
- 소통과 협력중심의 교실환경 권장 :수업유형에 맞는 'ㄷ'자형, 'ㅛ'자형 다양한 좌석배치 활성화
- 주제별 전문적학습공동체와 학년수업연구회 간의 연구결과 공유
- 다양한 수업변화를 위한 2월 교직원 워크숍을 통한 수업혁신 강화 연수

◈ 교육공동체와 함께 만드는 교과별 평가계획

- 2017 학교평가 대토론회의 의견을 반영한 각 교과별 평가계획 (1차 서논술형 100%를 1,2차 혼합형 평가로 전환)

- 다양한 유형의 수행평가실시 및 과정을 중시한 평가 강조

- 융합교육과정 재구성(프로젝트 프로그램)을 수행평가에 반영할 수 있도록 권장

◈ Small School 운영 속에서 자라는 배움

- 학급별, 학년별, 학년교과별 프로그램 운영을 통한 학교비전 완성

- 학생중심의 자율활동 운영을 통한 학생 민주시민교육 강화

- 상시적 교원 컨퍼런스 환경조성을 통한 학생 생활, 학습, 진로, 인성지도

- 비교과영역 (학년비전 프로젝트) 활동을 통한 평가미반영 창의교육과정 운영

- 학기말 꿈, 배움, 진로탐색, 나눔의 성장 프로그램 운영을 통한 평가 후 교육과정의 안정화

◈ 진로교육

주제	실시	비 고
학년별 체험학습을 통한 진로 탐색	5월	학교교육과정반영
자기소개서쓰기를 통한 자기 이해	6월	설문지
미래명함 만들기를 통한 진로 디자인	10월	홈페이지 게시
선율제	10월	교과수업시간
진로독후활동(나의 역할모델에게 편지쓰기)	11월	진로교육시간 및 개인상담시간
진로로드맵 그리기를 통한 진로탐색	12월	담임교사

◈ 학교 부적응 예방을 위한 맞춤형 집단 프로그램 운영 후 개인상

담 연계로 학업중단 학생 수를 감소시킴

- 학생이해자료 (도울 학생 조사, 표준화검사 실시와 활용)

- 상담활동 전개 (도울 학생 선정 멘토링, 부적응 및 선도 대상 상담, 개인상담 및 집단상담 실시, 맞춤형 심리검사 실시)

◈ 다양성을 배우고 꿈을 찾는 도서실 운영

- 도서관 이용지도, 매체활용교육을 통하여 다양한 세계를 간접 경험하고 자신의 진로를 찾는 역할

- 교과학습 활동은 물론 교사들의 연구활동을 위한 자료, 최신의 정보를 제공하는 곳으로서의 기능

- 도서관을 활용한 국어, 미술, 기술·가정 교과통합 교육과정 운영

- 다양한 독서행사 - '선유 별빛달빛 밤샘독서마당', 책갈피를 통한 마음나눔, 도서관이용행사

- 문산도서관 MOU를 통한 다양한 도서활동 참여기회 제공

◈ 방과후 교실과 연계한 학생 자발적 문화·예술·창의 동아리 활동

- 방과후 활동과 연계하여 마음껏 욕구를 발산할 수 있도록 시설을 확보하고 재정을 지원함

- 문화·예술·창의 동아리의 활성화를 통해 학생의 자발적 참여와 소통을 촉진시킴

- 제과제빵, 배드민턴, 바이올린 방과후활동 운영

- 학생 자발적 동아리 (교육과정 및 자율 동아리) 운영 방향

『학생 동아리 등록』	- 기존의 동아리도 재등록해야 함 - 최소 10인 이상30인 이하 학생과 지도교사 1인이 있어야 등록이 가능 - "학생 동아리 등록 신청서"작성 (학생자치회실 비치) - 지난해 활동 실적이 저조한 동아리는 등록을 취소할 수 있음 (단, 신규 신청 동아리는 예외로 함)
동아리별 자체 홍보(기간)	- 각 동아리는 홍보물을 지정된 게시판에 부착, 신입회원을 모집함
신입회원 선발 후 『학생 동아리 활동 계획서』 제출	- 지도교사 섭외하기 (교사는 1회 거부권 사용가능) - "학생 동아리 명단"작성 - "학생 동아리 활동 계획서"작성(학생중심 활동) 후 담당부서로 제출
학생 동아리 등록 완료	- NEIS상에 동아리등록 완료(동아리 담당자) - NEIS상에 반별 학생 동아리배정 (학급담임교사) - 각 동아리 회원 확인(동아리 지도교사)
학생 동아리 활동	- 동아리 부서별 활동 및 동아리 발표(선율제)
학생 동아리 활동	- 동아리활동 부서별 평가 및 보고서 작성
『학생 동아리 등록』	- 신학기 동아리 구성을 위한 대물림동아리 및 신규 동아리 신청 공고 및 모집

5년차(2018학년도)

◈ 학년별 프로젝트 운영 계획

□ 1학년

프로젝트명	실천방안	실천시기
행!복한 공**동!**체	○ 감사일기쓰기 ○ 행복+, ×노트 ○ 성취감노트쓰기	연중
	○교과별 글쓰기 ○창의적체험활동 프로그램 활용	연중
꿈! 어디 있니?	○자유학기 체험활동 시 다양한 경험(진로, 인성, 배움 등)을 구성 ○학급별 연간 특색프로그램 운영	연중 상시
	○주제선택프로그램 : 학생들의 요구를 수렴한 주제선정 ○예술체육활동 : 학생들의 끼를 발산하고 재능찾기 ○교과별 관련 직업 소개활동	연중 1학기 연중

□ 2학년

프로젝트명	실천방안	실천시기
우리말 아름답데이(Day)	○세종대왕 수호 UCC ○부모님께 감사의 문자 주고받기 ○존댓말 사용 주간운영	7월 5월 10월
	○ 도덕 : 효편지쓰기 ○ 국어 : 욕 어원찾기 및 순 우리말 찾기	5월 12월

□ 3학년

프로젝트명	실천방안	실천시기
성장 히스토리	○ 찾아오는 진학설명회 ○ 선배가 들려오는 진학나눔 ○ 자아성찰 프로그램(타임캡슐, 버킷리스트작성, 학급성장다이어리)	10월 10월 3,7월
	○ 국어 : 자서전쓰기 ○ 음악 : 음악관련 직업 탐색 ○ 영어 : 세계시민 프로젝트	3,7,12월
더불어	○ (나눔카페)모둠 스터디 공간 활용	상시

Jump - Up	○ 멘토-멘티 나눔을 통한 성장	
	○ 중국어 : 모둠별 변검 가면 만들기 ○ 체육 : 치어리딩 만들기 ○ 국어 : 독서토론	1학기

3. 6년차(2019학년도)

◈ 학교 노력 중점 · 특색사업 실천 프로젝트

구분	노력중점 학력향상, 민주시민교육	특색사업 독서를 통한 미래의 역량 기르기
[1학년]	- 사제동행을 통한 공동체 역량 기르기 - 교과별 기초학력진단을 통한 수준별 수업 제공 - 토론을 통한 심화학습	- 월별 교과 독서 project - 자유학기 → 진로독서 →진로 로드맵 만들기 - 교내 대회와 연계한 독서day 운영
[2학년]	- 학습 코칭 프로그램 운영(교사-학생) - 멘토링제 활성화(학생-학생) - 자발적 규칙 준수 정착	- 1인 1책 갖고 다니기 - 아침 독서 프로그램 (책 · 품 · 아) - 국어 · 사회 : 한 학기 한 권 읽기 - 미술 · 도덕 : 그림책으로 철학하기 - 역사 토론으로 사고력 신장
[3학년]	- 멘토 · 멘티 - 사제동행, 학습코칭 - 서로 배려하는 학급 문화 조성 - 영어 심화 동아리 운영 - 독서토론 동아리 운영	- Book crossing(학급별 독서 기록장) - 조삼모서(아침 · 3학년 · 모여 · 독서)

◈ Small school 빛깔 입히기(주제가 있는 학년 교육과정 만들기)

1학년	1분기 (4월~6월)	2분기 (7월)	3분기 (8월~11월)	4분기 (12월~1월)
주제	기초학력 향상을 통한 자기주도적 학습 능력 기르기	교과 융합 프로젝트를 통한 창의적 문제해결력 키우기	교과 수업과 연계하여 자기 진로 찾아가기	공동체 프로그램 활동을 통한 의사 소통 능력 기르기
학년성취 교육지표	기초 학업 능력 향상	융합적 사고능력 향상	진로 탐색 기회의 확대	더불어 성장하는 행복한 공동체
프로젝트명	생각열기	생각키우기	생각찾기	생각나누기

2학년	1분기 (4월~6월)	2분기 (7월)	3분기 (8월~11월)	4분기 (12월~1월)
주제	규칙준수	평가	독서	성찰
학년성취 교육지표	규칙 준수로 책임감 UP	멘토링제로 실력 UP 규칙준수로 책임감 UP	독서로 인성 UP	멘토링제로 실력 UP
프로젝트명	나를 넘어서는 변화	나를 키우는 성장	나를 키우는 시간	나를 돌아보는 시간

3학년	1분기 (4월~6월)	2분기 (7월)	3분기 (8월~11월)	4분기 (12월~1월)
주제	생활습관&학습습관형성	나+너=우리	맞춤형 진학, 진로설계	고입 대비
학년성취 교육지표	내실 있는 자기 발전	공감·배려·나눔을 통한 성장	맞춤형 진로 설계	공감·배려·나눔을 통한 성장
프로젝트명	실력 레벨 UP	다함께 Power UP	꿈으로 점프 UP	미래로 한 단계 UP

◈ 학년별 교과융합교육과정 운영

□ 1학년

융합 주제	융합교과	관련 단원	실천시기
음악이 있는 협동시	국어	새로운 시작(시의 아름다움)	3월
	음악	이야기가 있는 음악	
생물의 다양성	국어	세상과 함께 자라는 꿈(통일성 있게 글쓰기)	4월
	과학	생물의 다양성(생물의 다양성 보전)	
우리가 먹는 급식 꼼꼼히 살펴보기	기술가정	창의적인 생활문화(청소년기의 영양)	4월
	수학	문자와 식(일차방정식)	
음악 감상문 작성하기	영어	Do you have special plan?	5월
	음악	이야기가 있는 음악	
더 나은 세상 만들기	국어	언어랑 국어랑 놀자	5월
	미술	세상을 디자인 하다	
스프링에서 발견되는 수학적 원리	수학	좌표평면과 그래프(좌표평면과 그래프)	6월
	과학	여러 가지 힘(중력과 탄성력)	
틀린 게 아니라 다른거야	사회	사회변동과 사회문제(현대사회의 문제)	8~9월
	국어	소통으로 여는 세상(매체 특성에 맞게 표현하기)	
	과학	빛과 파동(빛 · 색의 합성)	
	미술	미술을 즐기다(빛과 움직임)	

□ 2학년

융합 주제	융합교과	관련 단원	실천시기
생활 속 과학을 찾아라	국어	세상과 주고받는 글(설명하는 글쓰기)	4월
	과학	전기와 자기	
나도 여행기획자	역사	삼국의 성립과 발전	5월
	수학	일차부등식과 연립일차방정식	
	영어	Connecting with the world	
바라던 바다	사회	환경문제와 지속가능한 환경(생활 속 환경 쟁점)	10월
	도덕	사회 · 공동체와의 관계(세계시민윤리)	
	미술	미술을 만나다(나를 둘러싼 환경)	
T볼로 공격기여도 분석하기	수학	확률의 계산	11월
	체육	필드형 경쟁(T볼)	
김치 담그기	기술가정	창의적인 생활문화(균형 잡힌 식사계획과 선택)	11월
	과학	수권과 해수의 순환(해수의 특성과 순환)	
연극으로 표현하는 미래 직업	국어	함께 여는 세상의 창(우리가 만드는 연극)	12월
	진로	미래 직업	

□ 3학년

융합 주제	융합교과	관련 단원	실천시기

곡 아름답지 않아도 되	미술	공간 속의 입체표현	3~4월
	영어	Art is all around us	
신문 만들기	국어	문학. 시대의 돋보기	5~6월
	역사	민족 문화 수호 운동(국학연구)	
	도덕	한국인의 정체성은 어디에서 오는가	
아이돌 팬덤 문화에 대해 토론하기	국어	마음 열고 토론하기	5~6월
	음악	세계를 춤추게 하는 우리 음악	
안전하고 건강하게	체육	건강과 안전	8~9월
	영어	The ABCs of First Aid	
	중국어	중국어 건강 표현	

4. 7년 차(2020학년도)

◈ 학교 노력 중점 · 특색사업 실천 프로젝트

특색사업	구 현 내 용	
학교자치를 통한 미래역량 기르기	1학년	- 학급별 특생프로그램 운영
	2학년	- 교과 독서 지도 - 아침 독서 프로그램(책 · 품 · 아) 활성화 - 학생자치와 회복적 생활지도를 통한 기초 생활 지도
	3학년	- 실천 협약서 작성 - 학생 주도의 문화 행사 전폭 지원 - 1인 1역할

노력중점 사업	구 현 내 용	
맞춤형 학력향상 프로그램 운영	1학년	- 맞춤형 독서프로그램 운영 - 멘토-멘티 프로그램 운영
	2학년	- 멘토링제 활성화 - 기초 학력 향상 프로그램 운영
	3학년	- 눈높이 멘토링제 - 수준별 학습 관리 - 자기성장형 포트폴리오 제작

5. 8년 차(2021학년도)

◆ 학교 노력 중점 · 특색사업 실천 프로젝트

노력중점		구 현 내 용
학교자치	1학년	- 스스로 만드는 1인 1 역할 - 자치적 학급 조회 - 같은 역할을 맡은 학생끼리의 통합 간담회
	2학년	- 학년 자치회 운영 - 학급 자치활동 활성화 - 자기 주도적 생활습관 기르기
	3학년	- 스스로 만드는 1원 1격 실천하기 - 1인 1 역할을 원격수업에서 활용하기 - 학생 주도 아침 조회 실천하기 - 교사-학생 학년 간담회 실시하기
학력 정상화	1학년	- 멘토-멘티 프로그램 - 다양한 독서 프로그램
	2학년	- 자기 주도적 학습능력 향상 - 교과독서활동 운영 - 학습 자율동아리 및 멘토링 활성화
	3학년	- 질문이 있는 교실 - 짝에게 배우고 가르치기 - 마음을 다독(多讀)이는 아침독서

◆ 배움의 공동체 연수 및 전학공 중심의 혁신학교 종합평가를 통해 혁신교육을 바라보는 관점의 질적 향상을 도모

- 배움의 공동체 온라인 연수 전교사 수강 및 토론

- 원격 수업에서 쌍방향 문제해결 및 배움중심수업 구현 및 수업 나눔

- 원격 - 등교 블렌디드수업 구현 및 수업 나눔

◆ 파주 혁신지구 희망교육 플러스

-목적

· 회복적 생활교육을 통한 안전한 학교 만들기

· 원격수업으로 인해 기초학력이 저하된 학생들의 기초학력향상

- 사업내용

· Small School 학기말 교육과정을 이용하여 회복적 생활교육의 일환으로 전교생 서클 활동 시행

· 기초학력향상 프로그램 운영

◆ 파주시 혁신교육프로그램(7년차 계획 코로나로 인해 미운영) : 학교 안 예술 협력 수업 및 마을 역사 학교, 생태 체험 등 학기말 프로그램 운영 계획

◆ 진로 교육

영 역	세부 추진 내용
진로교육 내실화 여건 조성	- 진로상담지원부 연간 운영계획 수립 및 운영 - 학생 진로탐색 동아리 조직 및 운영 - 학부모진로지원단 구성 및 활용 - 드림레터를 활용한 진로지도 - 진로독서 활동 프로그램 운영 - 직업 체험을 위한 유관기관 네트워크 탐색
진로교육 로드맵 작성	- 자기이해 활동(표준화 검사) 및 학년별 진로교육을 통한 자기주도적 진로개발 역량 함양 - 1학년 진로성숙검사, 직업흥미검사, 다중지능검사 및 자유학년제 활용 다각적인 진로탐색 - 2학년 성격강점검사, 진로와 직업 교과수업을 통한 다각적인 진로탐색 - 3학년 다요인 지능검사 및 스쿨멘토링 진로캠프를 통한 진로탐색
체험중심 진로 교육	- 직업인 초청강연 또는 직업 동영상 활용 - 진로직업체험(학교주도형): '업무협약' 활용 및 특성화고, 지역기관 등과 연계한 운영 - 직업체험프로그램 운영: 학교주도형(직접체험), 자기주도형(직접/간접 체험)
상담활동 강화	- 수업시간 또는 방과 후 시간을 활용 - 표준화검사 및 심리검사도구 활용

영 역	세부 추진 내용
	- 진로선택기 학교진로상담(지도)을 통한 개인 맞춤형 진로 설계
교사 및 학부모 진로교육	-자유학년제 학부모지원단 구성 - 진로진학 학부모교육(교육청주관 연수 기회 추천 및 학교 자체 연수 실시) - 드림레터를 활용한 진로진학정보 제공 - 교직원 연수
교내시상 계획	- 진로(직업)체험보고서쓰기대회 -미래명함만들기대회 - 진로독후감쓰기대회 - 진로로드맵그리기대회 - 진로역할극발표대회

6. 종합 평가 결과

평가항목	잘 운영된 점	미흡한 점	개선 과제
교육과정운영 정상화	1. 전시성업무 최소화		
교육과정운영 다양화	2. 학생중심 교육과정 활성화(동아리, 자치활동) 3. 융합교육과정 다채롭게 운영 4. 스몰스쿨 중심의 교육과정 운영 5. 연차에 따라 교육과정 프로그램의 다양성이 확장됨. 6. 특색있고 다양한 교육과정과 프로그램의 활발한 운영 7. 자유학기제 교육과정의 다	3. 코로나 상황에서 융합교육과정 4. 학년별 프로그램은 우수하나 학년이 연계된 체계적인 프로그램 부족(예: 1학년 독서입문, 2학년 독서 내실, 3학년 독서 심화) 14. 다온반 학생들의 동아리 선택권 제한	2. 코로나 상황에서 학생 중심 교육과정 복원 필요(동아리) 3 코로나 상황에서의 교과 융합, 프로젝트 수업 컨텐츠 개발 등 활성화 방안 마련 필요 4. 학년간 체계적 프로그램 구성 필요 14. 비장애학생과 장애학생이 함께 하는 동아리 부서 구성 필요

평가항목	잘 운영된 점	미흡한 점	개선 과제
	양한 시도		
학생중심수업 실천	8. 소통과 협력의 교실환경 구성(ㄷ자형, ㅛ자형 등)	15. 코로나로 인해 배움중심(모둠, 협력, 토론, 실습)수업 및 교육과정과 연계한 체험활동이 이루어지지 못한 점 16. 원격수업시 학습동기 유발을 위한 다양한 콘텐츠 개발의 어려움.	15. 코로나19 종식에 발맞춰 다양한 체험활동 실시 / 사회적 거리두기 속에서 학생들간 상호작용 극대화 방안 마련 필요 16. 코로나 상황속에서 교육적 가치 달성을 위해 할 수 있는 방안 강구하기(대면은 축소되어도 교육효과는 확대되는 교육과정) / 블렌디드 수업 역량강화를 통한 배움중심수업 방법 구안
교육과정운영 책무성	9. 융합교육과정 재구성을 수행평가에 반영할 수 있도록 하고, 생기부에도 기록한 것 10. 수업나눔 활성화 11. 교육공동체 대토론회 결과를 교육과정과 평가에 반영	17. 지나치게 빡빡한 근무일정으로 인해 창의적 교육과정 구성 어려움	11. 코로나 상황에서 수업공유가 어렵다면 교사들간의 수업 컨텐츠 공유 필요(교수 학습자료, 교수 학습 도구 등)
학력 향상	12. 사제동행 통한 소외학생 지도와 진로교	13. 학습격차 극복의 어려움 18. 우수학생	13. 개별화 교육을 통한 학력 향상 / 다양한

평가항목	잘 운영된 점	미흡한 점	개선 과제
	육 다양화 13. 맞춤형 학습상담을 통한 기초학력 향상	맞춤형 프로그램 부족	기회를 통한 자존감 회복 프로그램 필요 / 기초학력향상을 위한 본교 맞춤형 강사진 구성 / 온라인-오프라인이 연결된 단절 없는 기초학력 향상 프로그램 / 단순 학력이 아니라 미래역량 중심의 학력향상을 위해서는 진로 목표 의식을 높이고 학습 긍정성을 높일 수 있는 프로그램 구상 필요 / 학기초 자기주도성 향상 프로그램을 도입 운영해서 학년별 단계적으로 운영 / 정서적 지원대상 학생의 돌봄 지원 강화 18. 심화학습 프로그램 다양화 필요

B. 윤리적 생활공동체 돌아보기

1. 혁신학교 운영 계획

2-1. 민주적 자치공동체 운영

- 행복한 소통을 위한 '전문적학습공동체의 날' 운영
  - 매월 셋째주 수요일 : 전교직원 협의회 및 토론회, 학년컨퍼런스
  - 그 외 수요일 : ○ 학교 안 전문적학습공동체 직무연수
    ○ 교원연수 및 교원 컨퍼런스, 토론회 등의 자율연구
- 행복한 아침 맞이 하기
  - 매일 08:30~08:50 학교장님이 맞이하는 학생등교(하이파이브 인사나누기, 안전한 등굣길 살피기)
  - 교사는 출근 후 09:00까지 컴퓨터 켜지 않고 학생들 및 동료교사들과 눈 마주쳐 주기
- 교사의 학교헌장 수립 및 선서활동

2018학년도 선유교직원의 다짐

우리 선유중학교 교직원 일동은 함께 성장하며 꿈을 찾는 행복한 선유 **행복한 학교**를 만들고자 다음과 같이 노력할 것을 약속합니다.

1. 이름 많이 불러주기
2. '미소'지으며 '칭찬'하기
3. '된다', '안된다'를 구별해주기
4. 적극적인 경청과 공감해주기
5. 학생의 작은 변화를 발견해주기

2018년 2월 21일 선유중학교 교직원일동

2019, 2020학년도 선유교직원의 **다짐**

우리 선유중학교 교직원 일동은 함께 성장하며 꿈을 찾는 행복한 선유 복한 **학교**를 만들고자 다음과 같이 노력할 것을 약속합니다.

1. 편견 갖지 않고 경청해 주기
2. 긍정적인 변화를 찾아 칭찬하기
3. 웃으면서 이름 부르기
4. 믿고 기다려 주기
5. 공감하며 존중하기

2019년 2월 19일 / 2020년 2월 17일 선유중학교 교직원일동

- 조종례를 이용한 학급회의 진행 - 일상적인 학급회의를 통해 소통과 민주적 의사결정 경험을 체화할 수 있도록 하고 민주적 자치공동체의 기본 구조 형성(2021)
- 학생생활인권규정과 교사의 학교헌장 수립 및 선서활동을 발전시킨 학생-교사 생활교육 협약 제정(2021)
  - 학생과 교사가 서로 지켜야 할 것들과 서로 간에 형성되어 있는

서로를 존중하고 환대하는 문화를 협약으로 제정해 규정의 준수와 존중의 문화가 공식적인 논의 속에 어우러질 수 있도록 유도

2-2. 학생자치회

◆ 참여와 소통으로 나아가는 학생자치회

- 학생자치회의 분과단위 학습공동체 운영(회장단, 총괄, 학생활동, 진로독서, 디지털정보, 축제기획, 에코그린, 생활체육안전)
- 학급자치와 학생자치의 연계강화로 학생현안문제해결중심의 학생자치 문화 전개
- 학생중심동아리 활성화 지원활동
- 학생자치회와 함께 하는 다양한 학교행사 만들기
- 정기적 학생자치활동의 날 운영 및 상시적 활동 지원
- 창의적 체험활동을 활용한 매월 1회 이상 (학급자치회의 운영)
- 학생자치회 자발적 리더십캠프 프로그램 운영(학기별 1회)

◆ 중점 추진 계획

영 역	세부추진내용	활동내용 및 시기
의 견 수 렴	○ 학급회	○ 교육과정: 10시간/연 ○ 학급별 단체 눈(SNS)
	○ 대의원회/학생회	○ 정기 : 1회/월(마지막주 수) ○ 학생회 SNS 및 대의원회 SNS
정 책 참 여	○ 학교장 간담회	○ 분기별 1회(학교장,교감,교사)
	○ 학교운영위원회 참가	○ 학생생활인권규정 재•개정
학 생 기 획	○ 축제, 체육대회, 졸업식 등	○ 학생회 주도
	○ 불우이웃돕기	○ 학생회 주도 성금, 물품 모음
자치역량강화	○ 자치 공간 확보	○ 3층 학생자치회의실
	○ 단계 형 리더십 캠프	○ 학년별 대의원 역량강화 캠프
민주시민교육	○ 대토론회 및 캠페인	○ 나눔행사 ○ 학생회 주도 찬반 토론 ○ 학교폭력예방, 사이버폭력, 언어폭력 ○ 금연 운동 ○ 또래 상담

◆ '친구사랑의 날' 운영으로 건전한 인격형성 도모

- 행복한 학교 만들기
  - 점심시간 전교생 스포츠(선유컵, 꼬르륵 짱 배드민턴)리그전 운영
  - 학생이 만드는 '선율제', 밤샘독서 '별빛달빛 독서마당' 운영
- 정기적 학급자치회의 연간주제계획 (안)

날짜	요일	시간	2018 계획	비고
3.07	수	1	학급임원 선출	대의원회 구성
3.14	수	1	전교생 대토론회 실시	학생의 다짐 학생생활인권규정 관련 토론
4.04	수	1	서로 배려하는 안전한 교실문화 실천사항 정하기	바른말 고운말 쓰기 등
5.02	수	1	장애 이해 교육	
5.30	수	1	1학기 현장체험학습 계획	
6.27	수	1	1학기 현장체험학습 평가 및 제안	영어팝송 대회 준비
7.20	수	1	1학기 학급자치회 돌아보기	
8.22	수	1	2학기 학급임원 선출	
9.19	수	1	선율제 공연 프로그램 제안	
10.17	수	1	2학기 현장체험학습 계획	학생자치회 선거 준비
11.21	수	1	2학기말 프로그램 제안	독서골든벨 꼬르륵짱 배드민턴 대회 등
12.05	수	1	따뜻한 연말을 위한 감사 프로젝트 준비	성금모금, 바자회 등
12.26	수	1	학생 자치회를 위한 제안	
※ 상기의 활동 내용 및 주제는 변경 가능함				

2-3. Small School 운영

- 학년 중심의 교육과정 자율성을 부여
  - 교과지도 집중 및 학생생활지도의 내실화
  - 자유로운 의사소통을 바탕으로 자발성과 다양성이 존중되는 학급운영
  - 담임교사의 친밀한 관계 형성을 통해 '가고 싶은 학교' 조성
  - 문화예술교육,진로교육, 인성및생태교육 운영을 기반으로 한 학년 Small school 프로그램 운영

- 학교비전 ⇨ 학년비전 ⇨ 학년 · 학급별 프로그램 운영
  - 학년중심 비교과프로젝트활동 및 교과융합프로그램 운영
- 학급별 운영 프로젝트(2018)

구분	학급	프로젝트(프로그램)	실천 방안
[1학년]	1	존중하기	존중에 대한 짧은 글쓰기
	2	IMI LETTER	편지로 마음을 표현하고 전달하기
	3	함께하는 '우리'	학급일기 쓰기, 학급 나눔, 친구상담
	4	나눔 텃밭	4층 테라스를 활용한 텃밭 조성
[2학년] 함께 하는 학급 활동	1	공존하는 '색깔'	단합대회, 모둠일기
	2	TOGETHER	타입캡슐(분기별 목표세우기)
	3	함께 배워요!	멘토링 학습, 좋은 책 나눔
	4	나를 넘어서는 변화의 즐거움	5분 일찍 등교, 다이어트(게임, 욕, 수면 등)
	5	어깨동무하는 '우리'	친구의 고민들어주기, 청소 같이 하기
[3학년] 더불어 Jump-Up 학급 활동	1	삼행시 짓기	이름 삼행시 짓기를 통한 자존감 높이기
	2	상호공감 사제동행프로젝트	학급별 단합대회
	3	학급 로고송 만들기	학급별 특색있는 로고송 만들어 부르기
	4	수시 진학상담	개인별 맞춤형 고입진학 상담
	5	학생주도형 학급자치활동	학급규칙 만들기 및 지키기, 독서활동+교육콘텐츠 즐기기,감사편지쓰기

- 월별 학년 교육활동 연간 계획(2018)

월	1학년	2학년	3학년
3	나눔의 공동체 계획 세우기 학급일기쓰기	타임캡슐봉인(미래의 나에게 쓰는 편지) 봉인, 욕 어원찾기	삼행시 짓기, 학급규칙 만들기, 버킷리스트 작성
4	나눔 텃밭 씨앗 뿌리	친구 사랑 데이	타임캡슐 만들기

	기 행복노트작성시작, 학습나눔	(Day)/ 학년 단합대회	
5	감사 일기쓰기 사랑과 감사의 편지 쓰기	존댓말 사용 주간, 효 편지 쓰기	감사편지 쓰기, 입학전형알기
6	'학교폭력' 사행시	아트 컬렉션(학급별 '끼'?)	치어리딩, 학급단합대회
7	친구상담, 마니또에게 편지쓰기	세종대왕 수호UCC / 미니올림픽	학급성장 다이어리, 영어팝송대회
8	휴양지에서 글쓰기	학급별 단합대회	진학상담 및 진로탐색
9	자연에서 편지쓰기	정 나눔 데이	자서전 쓰기
10	'존중'을 주제로 두 줄 쓰기	사제동행 등반(산행)	찾아오는 진학설명회를 통한 진로결정
11	친구에게 편지쓰기	배드민턴 단체전	학급문집 만들기
12	크리스마스 카드 쓰기	타임캡슐해체	학급 로고송 만들기, 학급성장 다이어리

학교 노력 중점 · 특색사업 실천 프로젝트(2019)

구분	노력중점 학력향상, 민주시민교육	특색사업 독서를 통한 미래의 역량 기르기
[1학년]	- 사제동행을 통한 공동체 역량 기르기 - 교과별 기초학력진단을 통한 수준별 수업 제공 - 토론을 통한 심화학습	- 월별 교과 독서 project - 자유학기 → 진로독서 →진로 로드맵 만들기 - 교내 대회와 연계한 독서 day 운영
[2학년]	- 학습 코칭 프로그램 운영(교사-학생) - 멘토링제 활성화(학생-학생) - 자발적 규칙 준수 정착	- 1인 1책 갖고 다니기 - 아침 독서 프로그램(책 · 품 · 아) - 국어 · 사회 : 한 학기 한 권 읽기 - 미술 · 도덕 : 그림책으로 철학하기

		- 역사 토론으로 사고력 신장
[3학년]	- 멘토·멘티 - 사제동행, 학습코칭 - 서로 배려하는 학급 문화 조성 - 영어 심화 동아리 운영 - 독서토론 동아리 운영	- Book crossing(학급별 독서 기록장) - 조삼모서(아침·3학년·모여·독서)

◆ Small school 빛깔 입히기(주제가 있는 학년 교육과정 만들기)(2019)

1학년	1분기 (4월~6월)	2분기 (7월)	3분기 (8월~11월)	4분기 (12월~1월)
주제	기초학력 향상을 통한 자기주도적 학습 능력 기르기	교과 융합 프로젝트를 통한 창의적 문제해결력 키우기	교과 수업과 연계하여 자기 진로 찾아가기	공동체 프로그램 활동을 통한 의사 소통 능력 기르기
학년성취 교육지표	기초 학업 능력 향상	융합적 사고능력 향상	진로 탐색 기회의 확대	더불어 성장하는 행복한 공동체
프로젝트명	생각 열기	생각 키우기	생각 찾기	생각 나누기

2학년	1분기 (4월~6월)	2분기 (7월)	3분기 (8월~11월)	4분기 (12월~1월)
주제	규칙준수	평가	독서	성찰
학년성취 교육지표	규칙 준수로 책임감 UP	멘토링제로 실력 UP 규칙준수로 책임감 UP	독서로 인성 UP	멘토링제로 실력 UP
프로젝트명	나를 넘어서는 변화	나를 키우는 성장	나를 키우는 시간	나를 돌아보는 시간

3학년	1분기 (4월~6월)	2분기 (7월)	3분기 (8월~11월)	4분기 (12월~1월)
주제	생활습관&학습습관형성	나+너=우리	맞춤형 진학, 진로설계	고입 대비
학년성취 교육지표	내실 있는 자기 발전	공감·배려·나눔을 통한 성장	맞춤형 진로 설계	공감·배려·나눔을 통한 성장
프로젝트명	실력 레벨 UP	다 함께 Power UP	꿈으로 점프 UP	미래로 한 단계 UP

◆ 학교 노력 중점·특색사업 실천 프로젝트(2020)

특색사업	구 현 내 용	
학교자치를 통한 미래 역량 기르기	1학년	- 학급별 특생프로그램 운영
	2학년	- 교과 독서 지도 - 아침 독서 프로그램(책·품·아) 활성화 - 학생자치와 회복적 생활지도를 통한 기초 생활 지도
	3학년	- 실천 협약서 작성 - 학생 주도의 문화 행사 전폭 지원 - 1인 1역할

노력중점사업	구 현 내 용	
맞춤형 학력향상 프로그램 운영	1학년	- 맞춤형 독서프로그램 운영 - 멘토-멘티 프로그램 운영
	2학년	- 멘토링제 활성화 - 기초 학력 향상 프로그램 운영
	3학년	- 눈높이 멘토링제 - 수준별 학습 관리 - 자기성장형 포트폴리오 제작

◆ 학교 노력 중점·특색사업 실천 프로젝트(2021)

노력중점	구 현 내 용	
학교자치	1학	- 스스로 만드는 1인 1 역할 - 자치적 학급 조회

	년	- 같은 역할을 맡은 학생끼리의 통합 간담회
	2학년	- 학년 자치회 운영 - 학급 자치활동 활성화 - 자기 주도적 생활습관 기르기
	3학년	- 스스로 만드는 1원 1격 실천하기 - 1인 1 역할을 원격수업에서 활용하기 - 학생 주도 아침 조회 실천하기 - 교사-학생 학년 간담회 실시하기
학력 정상화	1학년	- 멘토-멘티 프로그램 - 다양한 독서 프로그램
	2학년	- 자기 주도적 학습능력 향상 - 교과독서활동 운영 - 학습 자율동아리 및 멘토링 활성화
	3학년	- 질문이 있는 교실 - 짝에게 배우고 가르치기 - 마음을 다독(多讀)이는 아침독서

2 학년도별 평가자료

2-1 5년차(2018)

우수 사항	개선이 필요한 사항	후속 조치 계획
2-1 존중과 배려의 학교 문화 조성 ▸학기초 친교프로그램, 학년말 특별프로그램 운영, 학급단합대회 활성화로 급우 간 존중과 배려의 교실문화 조성을 위한 노력이 이루어짐 ▸자율적인 학생활동 프로그램 적극 지원 및 교사의 조력자 역할 수행(학생중심의 동아리 조직 및 운영, 토론을 통한 학생자치회 조직, 학생회가 만들어가는 축제, 리더십 캠프 운영 등)	▸ 지속적으로 자율적인 학생활동 프로그램 적극 반영 및 지원	▸ 지속적으로 자율적인 학생활동 프로그램 적극 반영 및 지원
2-2 안전한 학교 만들기와 자율적 규범 세우기	▸ 다양	▸ 학교

▸체험 및 놀이 위주의 7대안전 영역별 교육 실시 및 내실화 ▸사이버·성폭력예방 등 학교폭력예방교육 강화 실시 ▸어깨동무학교 프로그램 운영 ▸피해학생 보호와 가해학생 선도를 위한 다양한 프로그램 운영 ▸학생 간 협동·공동체의식 함양을 위한 학급별 프로그램 운영 ▸학교폭력 예방을 위한 전교사 교내·외 순회 생활지도 실시 ▸학생 토론 중심의 학교생활인권규정 개정 의견 반영	한 체험·놀이 위주의 안전 및 인성교육 프로그램 개발 ▸ 교내 흡연율은 거의 없지만 교외에서 흡연하는 학생들이 있어 지속적인 예방교육과 생활지도가 필요 ▸ 기본생활습관 함양과 실천을 위한 학생들의 자발적인 노력과 캠페인 활동 필요 ▸ 학교폭력예방을 위한 교육 등 강화	폭력이 집단화, 지능화됨에 따라 교사들의 집중 상담이 필요 ▸ 예방교육을 집단 강의식이 아닌 소규모 또는 실체험 및 사례 위주의 교육이 필요함. ▸ 학생이 주도하는 폭력, 금연 예방프로그램 개발 필요 ▸ 학생대토론회를 분기별로 개최하여 학교생활인

		권규정을 공공체가 협업하여 만들어가는 학교 문화 만들기
2-3 민주시민교육의 활성화 ▸전교생 대토론회를 통한 학교생활 규칙 및 용의복장 관련 규정 합의 ▸다양한 학생 주도 활동의 기획 및 실행 ▸학생회장 부회장 선거와 학생자치회 구성을 위한 민주적 절차 과정 확립 및 실행 ▸교육과정 내에서 학급 자치회 시간의 활성화	▸학교생활 규칙 및 용의복장 관련 규정의 학생생활 인권 규정에의 반영 노력 및 규칙 준수 방법 구안 ▸학급자치회, 학년자치회, 학생자치회의 연계방법 모색	▸동아리 와 연계한 학생활동 의 활성화 ▸학급자치회, 학년자치회, 학생자치회의 연계

2-2. 6년차(2019)

확장방안	⇦ 자랑하고 싶은 것 (장점)	아쉬움이 남은 것것(단점) ⇨	개선방안
▸2학기 기초학력향상 프로그램과 멘토링제를 연계하여 실시 ▸교과별 평가 주간 확보 ▸반별 프로그램 확장 운영(예산 확보 필수)	▸수학 기초학력 향상 프로그램 운영 ▸수업과정평가에 대한 지속적인 피드백 ▸힐링캠프 운영 ▸학급자치 활성화	▸영어, 국어 기초학력향상 프로그램 부족 ▸멘토링 활동 부진	▸2학기 영어, 국어 기초학력프로그램 개설 ▸멘토링 활동 : 장소, 시간, 교과, 목표를 구체화하여 실시
▸'책품아' 독후활동 활성화 : 독서기록장 전시, Mt Book제, 릴레이 독서 추천, 독후활동 홈페이지 탑재 등	▸'책품아' 아침독서프로그램 운영 ▸사제동행 : 아침밥 먹기, 스포츠문화체험(볼링) ▸학생주도 질서 유지 : 자율적 급식 줄서기 ▸자율 탁구대 운영	▸ 멘토링제 소극적 운영	▸멘토링제에 적극적으로 참여 가능한 학생 추가 모집
▸기초학력 향상을 위한 프로그램 확장 : 수학(16*2학급) 실시 계획	▸학교폭력 사안에 대한 적절한 조치 ▸교사와 학생의 레포 형성을 바탕으로 문제행동에 대한 적극적 대처 ▸전문상담교사의 열정, 적극적 개입	▸ 가정과의 연계지도 미흡 ▸문제 행동 학생들에게 지도 및 관심 집중으로 정서적 장애를 가진 학생 지도 소홀	▸학습문제, 가정 연계 문제, 정서문제, 교유관계문제 등 객관적 분류를 통한 체계적인 학생지도 필요

2-3. 7년 차(2020)

우수 사항	개선이 필요한 사항	후속 조치 계획
2-1 존중과 배려의 학교 문화 조성 ▸또래 멘토링, 사제 동행 프로그램 등 급우 간 존중과 배려의 교실문화 조성을 위한 노력이 이루어짐 ▸자율적인 학생활동 프로그램 적극 지원 및 교사의 조력자 역할 수행(학생 중심의 자율 동아리 조직 및 운영, 토론을 통한 학생자치회 조직, 리더십 캠프 운영 등)	▸지속적으로 자율적인 학생활동 프로그램 적극 반영 및 지원	▸지속적으로 자율적인 학생활동 프로그램 적극 반영 및 지원 ▸또래멘토링 참여대상 확대 운영 및 활동장소의 제공이 필요함
2-2 안전한 학교 만들기와 자율적 규범 세우기 ▸온라인으로 7대안전 영역별 교육 및 재난훈련 실시 ▸온라인 학교폭력 예방교육 실시(디지털 성폭력 · 사이버폭력 · 성폭력 예방 등 포함) ▸어깨동무학교 프로그램 학년별 실시(교육청 예산 미배정, 진로상담부 실시) ▸피해학생 보호와 가해학생 선도를 위한 상담 및 프로그램 운영(진로상담부/학년부) ▸코로나19 및 학교폭력 예방을 위한 전교사 교내·외 순회 생활지도 및 학생 캠페인 실시 ▸학생 토론 중심의 학교생활인권규정 개정 의견 제안(공동체 대토론회 미실시로 학교생활인권규정 개정 검토만 실시) ▸기본생활습관 함양과 실천을 위한 온라인 교과연계 안전 교육 실시	▸온라인 안전 교육 및 학교폭력 예방 교육의 실효성 제고 필요 ▸학력폭력 사안이 다수 발생하여 학교폭력 예방을 위한 사이버폭력 예방 등에 대한 강화조치 필요 ▸교내 · 외에서	▸효과적인 온라인 안전 교육 및 학교 폭력 예방 프로그램 개발 ▸코로나19 변동 상황에 대비한 학교 전담경찰/생활안전부 교사의 대면 교육 계획 ▸회복적 생활지도를 위한 교사 연수 및 계획 수립 ▸학생이

	흡연하는 학생들이 있어 지속적인 예방교육과 생활지도가 필요 ▸ 코로나19 상황의 변동에 따른 교육공동체 대토론회 미실시, 학교생활인권규정에 대한 의견수렴 불가	주도하는 학교폭력, 금연 예방 프로그램 개발 필요 ▸ 관할 경찰서에 교외 흡연지역 탄력 순찰 요청 ▸ 학생 대토론회 및 교육공동체 대토론회를 코로나19상황 변동 및 장기화에 대비하여 준비하고 진행하여, 학교생활인권규정을 공공체가 협업하여 만들어가는 학교 문화 만들기
2-3 민주시민교육의 활성화 ▸ 학생자치회 활동 홍보 및 학생 여론 수렴을 위한 선유TUBE 개설 ▸ 학생의 관점에서 바라보는 학교 현안 문제를 해결하기 위한 활발한 학생자치회 활동 ▸ 학생자치회 선거 규정 개정 ▸ 학급 자치회 및 학생자치회의 토론회를 통한 학교생활 규칙 및 용의복장 관련 규정 개정 의견 제안	▸ 정기적이고 상시적인 선유TUBE 운영 필요 ▸ 학급자치회, 학년자치회, 학생자치회의 연계 방법 모색 ▸ 학교생	▸ 학생자치회 내 선유TUBE를 비롯한 페이스북 등 학생 여론 수렴 방안 모색 ▸ 학급자치회, 학년자치회, 학생자치회의 연계

		활 규칙 및 용의 복장 관련 규정의 학생생활 인권규정에의 반영 노력 및 규칙 준수 방법 구안	

2-4. 종합평가 결과

	잘 되고 있는 점	**미흡한 점**	발전 및 개선 과제
존중과 배려	민주적이고 신뢰로운 교사-학생관계 학급내 교사간 존중과 배려가 정착됨 행복한 아침 맞이하기(눈인사, 가벼운 안부묻기, 긍정적 자아감, 유대관계형성에 기여)	코로나 상황으로 인해 소통의 기회가 줄어듦 학생들의 의사소통 기술 부족 교육주체간 대화하는 문화(대토론회, 학생-교장간담회)	올바른 대화법 및 의사소통능력 개선을 위한 교육필요-학생 언어습관 개선을 위한 프로그램 필요 기초 생활습관 향상을 위한 지속적은 생활교육 필요 코로나19로 인해 공동체안에서의 자신의 역할 학급, 친구의 의미가 퇴색되어 학급공동체 문화 회복필요 원격수업 기기 지원을 통해 소통 강화 학부모-교사간 소통방법 개선 필요
안전하고 평화	학생생활 규정이 학생들의 요구가 적극 반영되어 있	코로나로 인해 행복한 학교만들기 행사 미실시	선생님들의 학교 주변 투어(아이들 사는 곳 가는 곳

로운 학교	음	분수대 쉴 수 있는 벤치, 꽃, 스탠드 가림막 설치 독서프로그램 부족 교사의 생활교육에 대한 지원 부족 학교폭력-생활교육 연계한 문제해결 미흡	노는 곳 가보기) 교사 학생 주민이 만족할 만한 종소리 만들어 보기(수고했어 오늘도~) 점심시간 신청곡 틀어주기 학생이 직접 기획하는 학교폭력 흡연예방교육을 준비해 봐도 좋을 듯 코로나로 중단된 자율탐구대 운영 원격으로 운영할 수 있는 소통채널 확보(학교유튜브, 페이스북) 생활교육의 구조화 전문화 필요 학생들도 회복적, 긍정적, 평화로운 생활교육 체험 필요
민주 시민 교육	학생주도의 학생자치회 운영(민주적임) 학생주도의 학급규칙 정하기 학생의 요구와 흥미가 반영된 학교 행사 자발적인 학생회 운영(교복마일리지) 자율동아리 학생존중 생활교육 교육주체간 대화하는 문화(대토론회, 학생-교장간담회) 학생참여확대(각종	등교일수 부족으로 자치활동 등 학생주도 활동 실천 축소 코로나 19로 인해 토론문화가 축소된 점 학생회의 자치활동-학급회 연계 부족 학급내 의사결정과정에 학생참여부족	좀 더 다양한 분야에서 학생 주도로 해결할 수 있는 의견수렴의 장이 필요 스스로 하루 계획 세우기 담임의 일방적 전달보다 스스로 하루 일과 확인 하는 조회시간 운영 온라인을 이용한 자치회의 방안 마련 및 토론활동 확대 방역을 철저지 하

	회의체) 자율적인 학생활동에 대한 적극 지원 학생이 주체가 되어 행사 및 예술활동이 진행됨		고 소규모 토론활성화 및 온라인 토론문화 정착

C. 민주적 학교운영 돌아보기

2021학년도 혁신학교 운영계획

1-1. 자율경영체제 구축
◈ '전문적학습공동체의 날(매주 수요일)' 기반의 자율연구 방식의 매월 정기적 학교 토론문화 조성 ◈ 학부모회 운영을 통한 소통의 장(場) 마련 ◈ 소통과 협력의 문화 공유를 위한 학년 중심 수업공개 및 협의회 운영 ◈ 교원의 자발성과 동료성을 기반으로 하는 배움중심의 수업방법 연구 및 성장나눔 컨퍼런스 지원

1-2. 학교 조직의 효율화 실현
◈ 교직원 직무 분석으로 업무 분장 및 각종 지침 정비 ◈ 교장실, 행정실, 교무실의 통폐합 계획 및 추진 ◈ 교무행정 지원팀, 수업혁신 지원팀, 학생돌봄 지원팀으로 조직 재구성 - 학년별/교과별 업무분장을 통한 수업혁신, 생활지도, 상담활동의 강화 - 나눔, 배움, 돌봄의 책임교육으로 창의적이며 자기주도적 학력 신장 - 교육과정 중심의 조직 운영으로 학교행정의 효율성 도모

기능별	업무 분장	역 할
교무행정 지원	교감, 교무행정지원팀, 행정실무사	학년에 필요한 제반 행정 및 학습관련자료 지원
수업혁신 지원	주제별 전문적학습공동체 및 혁신교육부	교과학습 지원 및 교과별 수업혁신 지원
학생돌봄 지원	학년부 및 진로상담부, 생활안전부	학년프로그램 및 교원컨퍼런스, 학생 생활·안전지도, 진학지도

1-3. 권한 위임 체제의 구축

- 부여된 권한을 행사하고 책임을 지며 이행 수준을 주기적으로 점검
  - 권한 위임 체제 점검팀 운영(공문결재상황, 메신저업무전달상황 등 점검 및 업무 줄이기)
  - 적절한 정보제공 및 공유로 self-empowerment 수준 향상
  - 학교장의 권한 하향을 위한 전결규정 개정 시행(학교장 결재 20% 이내로 축소)
- 교무행정업무의 동선 축소
  - 행정실무사 책임제(행정실무사 - 부장교사 - 교감 중심의 결재)
  - 학년 중심 부서 운영(Small School 체제 정착)
  - 각 부서장 중심의 행정업무 처리를 통한 담임교사의 행정업무경감

1-4. 혁신학교 TF팀 협의체제

- 구성 : 관리자 및 부장교사, 행정실장
- 운영시기 : 매월 2회
- 운영방침 : 안건과 토론이 있는 민주적 회의

지역사회와의 협력

○ 지역사회와 함께 하는 프로젝트 활동 운영 기반 조성(학부모회 활성화, 지역 인적 자원 활용 교통지도, 생활교육, 기초학력 지도 등)

○ 지역학교 간 전문적학습공동체 온라인 플랫폼 운영을 통한 학교교육과정 성찰 및 나눔

학교평가 내용(2018, 2020 비교)

평가영역	평가연도	평가 결과 세부 사항		
		우수 사항	개선이 필요한 사항	후속 조치 계획
비전공유와책무성제고	2018	▸교직원 워크숍을 통해 본교의 비전을 함께 공유하고 이를 실현하기 위한 구체적 교육지표를 함께 토론하여 수립함 ▸다양한 학교 행사를 통해 본교의 교육활동을 지속적으로 소개하고 홍보하였으며 대토론회를 통해 교사, 학생, 학부모가 함께 본교 비전과 교육지표에 대해 공유한 결과를 반영함. ▸학기 말에 실시한 교육과정 워크숍으로 다음 학기 교육과정 설계	▸구체적이고, 실제적인 학교현안 문제점을 갖고 깊이 있게 토론할 수 있는 공동체의 참여 자세 및 의지 필요	▸다양한 채널을 통한 학부모님의 참여를 수시 개방 ▸2018 교육활동을 상시 제작하여 이를 학교홈피, e-알림이, DID 시스템 등을 활용하여 공유하도록 함
	2020	▸교직원협의회(워크숍), 학생자치회, 학교설명회 등을 통한 학교 교육공동체가 함께 본교 비전과 교육지표에 대해 공유 ▸코로나19 상황으로 교육공동체대토론회는 운영되지 못하였으나 학교운영위원회, 대의원회, 학부모회 등 다양한 소통 창구를 활용한 학교 운영과정의 민주주의를 실행	▸포스트 코로나를 대비한 소규모 대면 및 비대면 소통 방법에 대한 고민 필요	▸다양한 채널을 통한 학부모님의 참여를 수시 개방

역동적이고 민주적인 학교문화 조성	2018	▸학교장이 교육공동체와 역동적, 주체적으로 참여하며 협업하는 자세 ▸원탁 형태의 기획회의, 교직원협의회시 ㄷ자 형태의 좌석배치 통한 일상적인 토론문화를 정착화한 점 ▸교사의 민주적인 의견제시와 토론으로 현안 문제점 해결, 갈등 해소 최소화 등으로 역동적 직무풍토 조성한 점 ▸토의, 토론 중심의 교직원 회의와 부장회의 정착화 한 점 ▸2일간의 교사 워크숍을 통해 차 년도 비전 제시 및 학사일정, 교육과정 공유한 점 ▸학교 공동체(학생,교사,학부모) 대토론회(연2회)를 실시한 점 ▸학교 안 전문적 학습공동체 참여율이 높고 활성화 된 점 ▸과도한 손님 맞이하기, 과도한 행사 치르기 등의 관행문화가 없는 점	▸학교장이 의장이 되어 교직원회의를 토의·토론의 장으로 이끄는 정기적인 기회 필요 ▸지속해서 학교 현안 문제를 깊이 있게 논의하는 학교 공동체(학생,교사,학부모) 대토론회 운영 방안 모색 필요	▸교직원의 의견 교류와 소통을 위한 정기적, 수시적 토론의 장 마련 ▸학교장을 의장으로 하는 토의·토론 교직원 회의 문화 정기적으로 마련할 것 ▸학교 공동체 (학생,교사,학부모) 대토론회 연 2회 반영할 것
	2020	▸학교장이 교육공동체와 역동적, 주체적으로 참여하며 협업하는 자세 ▸주제 중심의 토의, 토론 교직원 회의와 기획 회의 정착 ▸교사 워크숍을 통해 차년도 비전 제시 및 학사일정, 교육과정 공유한 점 ▸학교 행사 기획, 운영에 학생자치회가 적극적 참여, 운영 ▸학교 안 전문적 학습공동체 참여율이 높고 활성화된 점	▸포스트 코로나 상황에 대비해 학교 현안 문제를 깊이있게 논의할 수 있는 소통 창	▸학교장을 의장으로 하는 토의·토론 교직원 회의 문화 정기적으로 마련할 것 ▸혁신학교 8

			구안 방모색 필요 ▸역동적인 민주적 학교문화 조성의 기반이 되는 혁신학교 철학에 대한 교육공동체들의 공유 필요	년차로 혁신교육 철학을 공유할 수 있는 장을 마련
교육활동중심의 학교시스템 구축	2018	▸전결규정 확대로 업무관리 간소화 및 경감화에 기여함 ▸행정실무사에게 고유업무 부여로 교사의 행정업무 경감화에 기여함 ▸학년중심의 학년부 구성 및 운영, 부장교사 중심의 업무배정 등으로 교육활동 지원체제가 구축된 점 ▸e-알리미 시스템 운영으로 가정통신문 효과적으로 알리기 위한 방안 해결	▸ 일부 부장교사와 교사에게 업무가 편중 되어 있어 업무 분장 재조정 필요 ▸1교시 수업 이전에 메신저 등 행정업무 전달하지 않기 위한 노력 필요	▸ 민주적인 의사결정에 의한 업무경감 차원의 교직원 업무 분장 ▸ 교직원 토론을 통한 1교시 수업 전, 수업 중 메신저 발송하지 않기 운동 연수 실시

				및 홍보
	2020	▸전결규정 확대로 업무관리 간소화 및 경감화에 기여함 ▸행정실무사에게 고유업무 부여로 교사의 행정업무 경감화에 기여함 ▸학년중심의 학년부 구성 및 운영, 부장교사 중심의 업무배정 등으로 교육활동 지원체제가 구축된 점 ▸e-알리미 시스템 운영으로 가정통신문 효과적으로 알리기 위한 방안 해결		
지역사회협력시스템구축	2018	▸학부모 및 지역사회와 협력 체제를 구축하여 지역사회 인적·물적 자원을 교육활동에 적극 활용하고 있으며, 지역사회와 학교의 동반자적 관계가 확고히 정착되어 있음. ▸학부모 밴드 운영을 통한 홍보활동 강화 및 학부모 교육내용 등을 학부모 회의를 통한 의견 수렴과정을 거쳐 운영함. ▸문산종합사회복지관, 문산도서관, 경기도평생교육원 등 지역사회 물적 자원과 업무협약 등을 통한 다양한 자유학기제 주제탐색 수업활동 및 진로체험 활동 운영.	▸경제적으로 열악한 지역 여건으로 학부모의 중복 참여율이 높고, 실질적인 학교활동 참여율을 높이는데 한계가 있음 ▸지역사회와 연계한 교육활동이 일회성 행사에 그치지 않고, 양질의 교육활동이 될 수 있도록 지속적인 노력이 필요함.	▸e-알리미시스템 활용하여 학부모의 학교활동 참여 권장을 적극 알리고, 아울러 학부모의 요구를 반영한 교육활동 운영 ▸지역사회의 인적, 물적 자원을 활용한 수업이 체계적으로 운영될 수 있도록 방안 마련
	20	▸학부모 간담회 실시(2회), 학부모	▸경제적	▸지역

	20	평생교육 연수(가죽공예, 목공예, 양초공예, 줌을 활용한 진로진학 관련 연수 총 4회), 학부모 대의원회(2회), 실시하여 학부모와의 소통 창구 마련을 위해 노력함.	으로 열악한 지역 여건으로 학부모의 중복 참여율이 높고, 실질적인 학교활동 참여율을 높이는데 한계가 있음	사회의 인적, 물적 자원을 활용한 수업이 체계적으로 운영될 수 있도록 방안 마련 ▸ 코로나19 상황에 맞는 장기적인 학부모회 연수 필요

평가항목	우수 사항▷	발전방안, 개선방안	◁개선이 필요한 사항
1. 비전공유와 책무성 제고	- 학기 초 학교 비전 공유가 잘 이뤄짐 - 학년 교육과정과 학교 비전 및 교육목표가 연동되어 운영	-구성원의 변화/코로나로 멈춘 혁신학교 철학 및 비전 공유 필요 -혁신학교 철학이 반영된 교육과정 운영을 위해 교육공동체 안에서 교사 개개인 별로 살아있는 교육과정으로 연결될 수 있도록 노력 필요	- 학교 철학 및 문화를 대물림하기 위한 방안 모색 - 학년 교육과정간의 연계를 통한 보다 체계적인 비전 및 발전 방향이 필요
2. 민주적 학교문화	- 교장의 민주적인 소통과 혁신적인 리더십 - 민주적 회의 문화와 적극적 의견 수렴 - 학교 운영에 관한 교직원의 의견을 반영하는 민주적 분위기 - 학생회 활동 지원이 원활하고 자발적 참여로 이뤄지는 학생자치 구현(학생회 주도의 행사, 교복마일리지 등)	- 전달연수는 메신저를 이용하고 토의토론하는 교직원회의 - 일상적 의견교환, 학년간 소통, 의사소통 결과 피드백은 패들렛, 팅커벨 이용 - 전달형 교직원회의가 아닌 의견교환, 토론을 위한 교직원 회의 문화 확산을 위한 관심과 노력	-의사소통 결과에 대한 피드백 부족 - 전달식 교직원 회의와 별개로 교사회 운영이 필요함. - 일상적 의견교환 방법 모색 - 코로나와 관련하여 교육3주체의 현실적 의견수렴 방안 필요 - - 다양한 교원 의견수렴 시스템 필요(활발한 의사소통을 위한 업무용 메신저 이외의 의견 공유의 창이 필요) -학년 간 소통을 통한 전체 교사와의 공유 시

평가항목	우수 사항▷	발전방안, 개선방안	◁개선이 필요한 사항
			스템 필요
3. 교육과정중심의학교시스템	-e알리미 활용으로 가정통신문 회수 등의 업무경감 -학년부 체제가 업무 중심에서 벗어나 학년, 학급별 교육활동이 보다 활발히 이뤄짐. -학년부시스템 정착으로 생활지도 및 학급운영사례 공유가 활발함, 학년 단위의 학업 향상을 위한 노력에 적극적 동참	- 교사업무경감(우리학교 3개 빼기,미니멀리즘 3개) - - 업무과중을 줄이기 위해 고유업무 제외한 선택적 업무 분산, 업무분석을 통해 재구조화작업 - -업무과중 해결 위해 교장,교감 선생님의 역할 확대, 교육지원청으로 이관해야 할 업무를 학교에서 공식화해서 요구 -전학공을 학년 단위로 운영하여 수업과 생활지도를 함께 고민할 수 있는 공식적 시간 필요 -유사한 연수 및 교육활동(회의) 통합 -필수 연수를 통합하여 한 명의 담당	-소규모 학교로 교사의 업무 과중(업무경감 필요) -코로나로 인한 업무가중, 방역과 교육이 공존할 수 있는 현실적 시스템 필요 -교육과정중심의 학교시스템 운영이 다소 어려움 -업무로 인해 수업에 집중하기 어려움

평가항목	우수 사항▷	발전방안, 개선방안	◁개선이 필요한 사항
		자가 운영 -분리수거 등 교사 업무로 보기 어려운 일은 업체 활용	
4. 지역사회와의 협력시스템	-학부모들의 의견을 적극적으로 수용, 반영하려 노력 -온오프라인 활용을 통한 학부모회의 - 학부모의 참여 채널 다양 - 지역연계(졸업생) 기초학력 지도	-지역사회와 함께하는 안전한 학교 만들기(지역순찰협조) - 지역 연계 기초학력 지도의 프로그램의 네이밍 필요(공모) - 지역사회와의 연계 및 상호 협조체제는 현실적으로 시기상조 - 학부모 회의를 거친 대표 의견과 학부모 참여가 전제된 의견이 제시되어야 함	-학부모의 학교 참여 필요하나 소수 학부모의 의견에 따라 교육과정운영이 변동되는 것은 문제가 있음 -당동리 통학버스 제공 문제 등 학생 편의, 학부모 요구 수용이 다소 부족함 -다수의 학부모는 학교 활동에 참여하기 어렵고 무관심함. e알리미 전달부족, 학교홈피 교수학습센터의 과목별 분류 등 보다 효과적인 소통 수단 필요 -지역사회 인적물적 자원활용을 위한 프로그램 개발 필요하나, 지역사회 인프라, 인력 활용의 문제(강사모집 어려움, 기초부진아, 저소득층 지원 방안) -코로나 상황으로 지역사회와의 연계 사업 위축, 연대강화필요, 이

평가항목	우수 사항▷	발전방안, 개선방안	◁개선이 필요한 사항
			를 위한 대안적 프로그램 마련

D. 전문적 학습공동체 돌아보기

3-1. 학교 안 전문적 학습공동체 운영 ⇨ 수업전문성 신장을 위한 역량 강화

◈ 역동적인 집단지성 공유를 위한 수업공개 및 수업나눔 협의회 운영

◈ 모든 교사가 함께 배우는 수업 컨퍼런스 운영

- 상시적 수업공개 및 수업 컨퍼런스를 통한 지속적인 수업 성장 나눔
- 학습동아리 및 교과연구회의 활성화로 교수-학습 및 평가방법 개선
- 학습자 중심의 좋은 수업을 약속하고 배움중심의 상시 수업공개로 교사의 역량 강화
- 교사 스스로 평소 자기 수업을 녹화하고 관찰하여 수시로 수업일지 작성

◈ 학교조직의 학습조직화

- 혁신학교 이해 및 일반화를 위한 연수 운영
- 혁신학교 아카데미 및 혁신교육의 이해 직무연수 참여 (전입교사 및 신규교사)
- 학년중심, 교과중심 연구회를 통한 학습조직화 운영

◈ 배움중심 수업방법 적용

- 교과통합(융합) 교육을 위한 교과협의회, 학년협의회 상시 운영
- 자발적 교사 동아리(소그룹 연구회 및 커뮤니티) 활동의 활성화
- 배움의 공동체 원격연수 공동 수강

3-2. 집단지성의 학습공동체 구축

◈ 혁신학교, 혁신교육 및 창의지성교육과정 직무연수 이수

◈ 전문적 학습 공동체 활동과 연계한 혁신학교 종합 평가를 통해

선유 혁신교육의 연속성과 새선방향 마련

◈ 배움과 실천 공동체 연수

- 교사의 자발성에 의지하여 연수선택의 기회를 제공하고, 연수일지를 작성하여 피드백을 교환함
- 사이버공간의 커뮤니티를 활용한 연구회 운영 및 수업의 공유

◈ (직무연수) 학교 안 전문적 학습공동체 운영 : 주제중심의 전문적 학습공동체 5개 운영

3-3. 전문적 학습 공동체의 날 운영(매주 수요일 - 전학공 연수, 학년 컨퍼런스, 교직원협의회)

3-4. 학교 밖 전문적학습공동체

◈ 혁신학교 역량강화를 위한 파주지역 혁신학교장 네트워크, 혁신학교 교감 네트워크, 혁신학교 교사 네트워크, 파주혁신실천연구회 활동
- 학교 간 공유를 통한 협력적 성장 나눔 활동
- 혁신학교 운영 방향에 따른 모델 수정·보완으로 가치 창출
- 초청강연, 워크숍의 공동 주최로 신뢰와 소통의 학교문화 정착

◈ 문산지구 교감 장학협의회 및 교사 네트워크 중심교
- 학교 간 비전 공유 및 교육활동 공유를 통한 협력적 성장 나눔
- 민주적 학교 운영을 위한 관리자 마인드 공유

3-5. 학습지원 환경 구축

◈ 학년급별 학생활동 공간 운영

- 선진화된 교육시설 및 유휴교실(잉여 교실 및 연구실 30실 이상) 활용
- 교과교실 필요교과에 교실제공 및 환경조성
- 학년중심의 층별 공간 사용 및 여유공간 을 활용한 학생 활동공간 (자기주도학습공간, 탐구, 소통나무 등) 조성

◈ 층별 Zone

층별	영역	공간	비고
1층	소통 Zone	선유休(휴), 학생자치회 알림 공간, 시청각실, 연못정원	독서 및 토론 공간
2층	1학년 Zone	1학년 교실 및 교무실, 과학실1, 음악실, 미술실, 다문화교실, 학생광장(계획)	

3층	2학년 Zone	2학년 교실 및 교무실, 과학실2, 영어교과실, 가사실,기술실(목공실), 학생자치회의실, 학생광장(계획)
4층	3학년 Zone	3학년 교실 및 교무실, 선유갤러리어학실, 컴퓨터실, 도서실, WEE클래스, 집단상담실, 댄스실
5층	연구 Zone	수업분석실, SESE체험실, 옥상정원(소통스페이스), 사회교과실, 수학교과실

E. 2018~2020 학교평가 내용

영역	연도	우수 사항	개선이 필요한 사항	후속 조치 계획
학교조직의 학습조직화	2018	▸교원1인당 학교 안 전문적학습공동체 직무연수 이수시간은 평균 28시간이나 자율연구 운영시간은 매주 1시간30분 20일에 걸쳐 활동하며 학교문화, 학생생활, 현안문제 토론 등 제반의 교육활동에 대해 학년수업연구회 학습조직으로 한 활동이 활발히 진행됨. 이와 같은 자율연구 활동이 직무연수와 연계된 활동이 많으나 전교원의 토론결과에 따라 자율적 운영(규약과 제한이 부담감으로 작용한다는 이유 때문)으로 운영함. 실제이수시간은 평균 56시간으로 추정됨. ▸전문적학습공동체의 날 운영을 직무연수와 자율연구 활동으로 35일 운영함.	▸전학공 예산에 대한 안내가 있었으나 전학공별로 필요하시면 사용하시라 했는데 이에 대한 숙지가 충분히 이루어지지 않아 예산을 사용한 전학공과 사용하지 않은 전학공이 발생함. 또한 예산의 사용률이 낮음 ▸학교에서만 활동이 이루어져 창의적 아이디어 도출이 어려움	▸창의성이 극대화 될 수 있도록 외부활동 학기별 1회 지원 및 협의비 예산 지원 ▸예산을 인원수별 균등 분배하여 학기초 정확한 사용금액을 안내하고 이에 대한 권한을 전학공 회장에게 사용권한을 부여 ▸학교차원에서 개인에게 원격연수 예산지원은 허용되어 있지 않기에

영역	연도	우수 사항	개선이 필요한 사항	후속 조치 계획
				연수이수 없이 기관으로 사용할 수 있는 방안마련(1전학공당 1개 원격연수를 통해 주제탐구와 공동연구 활성화를 촉진시킴)
	2019	▸모든 교원이 학교 안 전문적학습 ▸학교문화, 학생생활, 현안문제 토 대해 학년수업연구회 학습조직으로 됨. ▸전문적학습공동체의 날 운영을 직 로 35일 운영함. ▸상시수업나눔을 통해 교과 내, 학	▸전학공 여 있었으나 충분히 이 산을 사용 하지 않은 함. 또한 낮음 ▸학교에서 져 창의적 어려움	
	2020	▸모든 교원이 학교 안 전문적학습공동체 직무연수에 참여함 ▸탄탄한 학교 안 전문적 학습공동체 운영 노하우를 기반으로 한 코로나19상황에 신속하고 유연하게 대응 ▸학교문화, 학생생활, 현안문제 토론 등 제반의 교육활동에 대해 학년수업연구회 학습조직으로 한 활동이 활발히 진행됨.	▸포스트코로나 시대에 대비한 전문적 학습공동체 운영 시스템 구축 필요	▸2021학년도 2월 교육과정워크숍 때 협의 필요
공동연구 공동실천	2018	▸어려운 수업을 함께 고민할 수 있어서 수업디자인에 도움을 받음 ▸PBL에 관한 사례연구 및	▸동 교과끼리의 수업 공동연구시간 필요	▸각 전학공에서 요구하는 강사 1회 지원

영역	연도	우수 사항	개선이 필요한 사항	후속 조치 계획
		이론연구 (EBS동영상, 대구 J중, 전학공 예산을 통한 1인1~2권 도서구입 및 토론) 활동을 통한 역량강화 ▸수업 운영에 대한 타 교과와의 교류활동 및 수행평가 방법 및 기준에 대한 상호컨설팅이 수업의 질을 향상시킴. 1년간 교과 간(국어,미술,과학,사회)융합활동을 통해 새로 시도(1개의 주제를 이용한 교과융합프로젝트수업)한 수업이 수업혁신에 대한 긍정적인 사고를 증진시킴. ▸다른 교과에 대해 관심을 갖게 된 계기가 됨-학생들의 교과에 대한 지식수준을 가늠할 수 있었음 ▸수업-과정-평가의 일체화가 이루어 질 수 있는 즐거운 경험이 생김 청학동을 통한 학생들의 자존감 회복 및 사제동행 활동과 수업으로 적용 및 공개수업실시 ▸학생과 교사 간의 유대감 형성 및 교사 간 협력과 화합이 잘 이루어짐	▸중간리더(진행자)의 역할에 대한 내실화가 필요 ▸우리끼리 만의 요구가 아닌 접해보지 않았던 다양한 새로운 교육적 주제에 관한 탐구가 필요	▸타학교 선진교사 수업 참관은 개별적으로 접수되는 공문에 의거하여 활동하는 것을 지향 ▸전학공의 활동이 수업의 혁신을 활성할 수 있도록 2019년 2월 교육과정 워크샵에서 전문적 학습공동체 조직과 계획 및 운영방안 수립을 위해 1일 전문적 학습공동체의 날을 운영 ▸1일을 미니수업공개의 날로 운영하여 전학공 연계 제안수업 시 모든 교사가 참여할 수 없었던 문제점을 보완 ▸학년별 교과 간 융합 수업의 확대

영역	연도	우수 사항	개선이 필요한 사항	후속 조치 계획
				필요 ▸보건, 특수, 상담, 체육 관련 교과 융합수업 장려
	2019	(국어,도덕,역사,음악,영어,사회,체 도(1개의 주제를 이용한 교과융합 신에 대한 긍정적인 사고를 증진시 ▸전문적학습공동체를 통해 학년별 학생들의 다른 교과에서의 모습 교육적으로 함께 고민할 수 있어 ▸수업-과정-평가의 일체화가 이루어 김 ▸학생과 교사 간의 유대감 형성 및 루어짐 ▸배움중심수업을 함께 고민할 ▸PBL에 관한 사례연구 및 이 통한 1인 1~2권 도서구입 및 ▸수업 운영에 대한 타 교과와 기준에 대한 상호컨설팅이 수	▸동 교과끼 연구시간 ▸중간리더(대한 내실 ▸우리끼리만 접해보지 로운 교 탐구가 필	
	2020	▸코로나19상황으로 활발하였던 수업나눔 운영이 불가능했음. ▸탄탄한 공동연구, 공동실천 문화로 코로나19 상황에 대응한 원격수업 체계 구축을 전교원이 신속하고 원활하게 대응함.	▸포스트코로나 시대에 대비한 공동연구, 공동실천 방법 연구 필요 ▸원격수업 시스템 안정화를 넘어 운영 과정에서의 다양한 방안에 대해 연구 및 공유 필요	▸원격수업 운영 과정에서 발생하는 다양한 상황에 대한 대응 방안을 전 학공, 교직원협의회 등을 통해 공동연구 및 협의 필요

영역	연도	우수 사항	개선이 필요한 사항	후속 조치 계획
수업 개방과 성찰 실천	2018	3-3 수업 개방과 성찰 실천 ▸전학공 연구를 통한 수업 실천(제안수업, 공개수업) 및 공개 활동을 통한 수업개선에 전학공선생님들이 전부 참여하여 많은 도움을 주심 또한 수업공개 후 성찰나눔을 통해 수업의 질을 향상 시킴 ▸수업에 대한 교사 대토론회를 통하여 수업공개의 의미를 공유하고 일상적 수업공개 및 공동연구 실천을 이끌 수 있는 '수업 나눔의 장'을 구안하여 '수업 나눔 대장'과 '비형식의 수업 나눔 일지(수업참관록, 성찰일지)'를 활용함	▸전학공 연계 제안수업 시 모든 교사가 참여할 수 없었음(동시간 대 2개의 공개수업이 있어 한 수업을 자세히 볼 수 없었음) ▸1인 수업 개방 횟수가 평균 2.9회이나 이 중 교사별 편차가 큼. ▸수업성찰 후 피드백 적용이 잘 보이지 않음	▸전교사의 수업개방 일상화를 위해 최소 공개횟수 지정(전학공, 학년, 동 교과 등 연간 3회) ▸정기적 수업성찰 나눔 공유의 날 운영(수업나눔일지를 바탕으로 함)
	2019	▸전학공 연구를 통한 수업실천(제안수업, 을 통한 수업개선에 전학공 선생님들이 을 주고받음. 또한 수업공개 후 성찰나눔 상시킴 ▸수업에 대한 교사 대토론회를 통하여 유하고, 일상적 수업공개 및 공동연구 '수업 나눔의 장'을 구안하여 '수업 수업 나눔 일지(수업참관록, 성찰일지	▸전학공 모든 교사 었음(동시 개수업이 자세히 ▸1인 수업 사별 편 ▸수업성찰 용이 잘	
	2020	3-3 수업 개방과 성찰 실천 ▸코로나19 상황으로 미운영	▸포스트코로나 상황에 대응한 수업 개방에 대한 고민 필요(유튜브, 줌 등)	▸다양한 원격수업 시스템을 활용한 수업 개방 방법 공유 및 실천

3장

수업혁신 사례

3장 수업혁신 사례

Ⅰ. 국어과 수업사례

지수경(국어과 교사)

학생들에게 국어는 쉽고도 어려운 과목이다. 글을 읽을 수는 있으니 내용에 대한 대충의 이해는 가능하지만, 글을 쓴 사람의 의도나 목적, 글의 표현 등을 정확하게 파악하는 것은 어렵다고 느끼는 학생이 많다. 이미 깊이 있는 사고를 통해 글을 읽고 있는 학생이라면 사실 국어 과목은 따로 공부하지 않아도 되는 과목이다. 하지만 깊이 있는 사고라는 것이 하루아침에 가능한 것은 아니기에 국어 과목이 필요한 이유이기도 하다.

게다가 학교 안과 밖에서 이루어지는 대부분의 학습은 국어를 통해 이루어지므로 국어 능력은 학습의 성패를 결정하는 중요한 요인이 된다. 국어 능력이 부족하면 효과적인 학습이 어렵고 결과적으로 성공적인 삶을 영위하기도 어렵다.[7]

국어 수업을 계획할 때 학생들이 스스로 자신의 사고를 확장하고, 표현 능력과 의사소통 능력을 키울 수 있는 활동을 조직하였다. 결과적으로 국어 수업에서 하는 활동들을 성공적으로 수행해 내는 학생이라면 미래에서 요구하는 인재상에 부합되는 것이다.

생각 근육 키우기-독서 수업

7) 2015 개정교육과정 국어과 교육과정 '성격' 부분에서 인용

독서가 얼마나 중요한 것인지는 동서고금의 모든 사람들이 입을 모아 이야기했으니 다시 언급하지는 않겠지만, 국어 수업의 목표를 달성하기 위한 열쇠는 독서에 있다고 생각한다. 독서만 제대로 한다면 생각이 바뀌고, 안목이 넓어지고, 결국 삶이 변화될 것이다.

2020년 코로나로 인해 교육과정이 정상적으로 운영되기가 힘들었지만 독서 수업만큼은 알차게 진행하고 싶었다. 입학이 늦춰지면서 얼굴도 모르고 수업을 시작하였다. 1학년 학생들에게 13권의 청소년 도서 목록을 제시하였고, 학생들은 온라인 투표를 통해 자신들이 읽을 4권의 책을 선정하였다. 1년 동안 1학년 전체 학생들은 4권의 책을 읽었으며, 책을 읽은 후 독서 감상문 쓰기, 독서 토론, 책 소개 영상(북트레일러) 제작, 작가에게 편지 쓰기 등의 독후 활동을 실시하였다. 활동 후 자신이 읽은 책 중에서 만나고 싶은 작가를 선정하였고, 학기말에는 학생들이 직접 진행하는 우리만의 작은 북콘서트를 실시하였다.

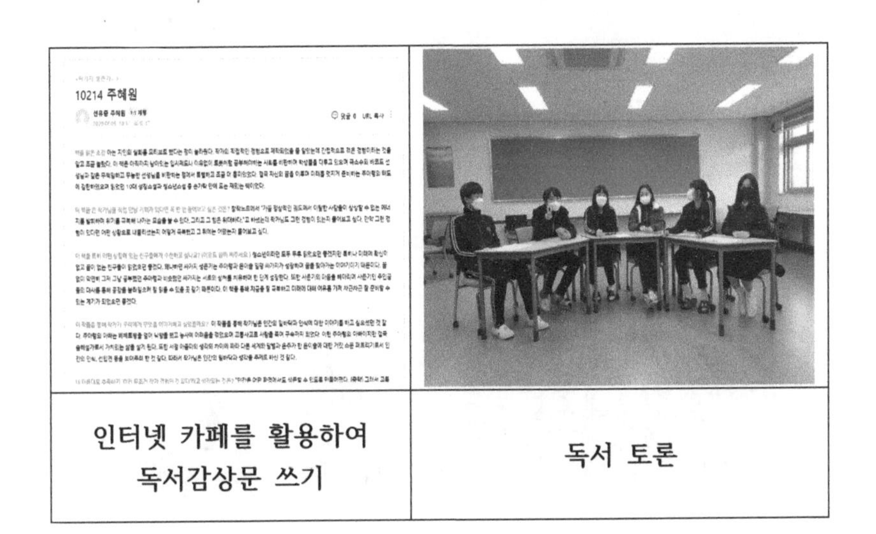

인터넷 카페를 활용하여 독서감상문 쓰기	독서 토론

책 소개하는 영상 만들기 모둠별 활동

우리가 만든 북 트레일러

만나고 싶은 작가 투표하기

학생들이 진행하는 북콘서트

낭독 공연

작가와의 만남

2. 표현, 소통 근육 키우기-토의 토론 수업

선유중학교 학생들은 자신의 생각을 표현하는 것에 익숙한 편이다. 이는 미래사회를 살아가는데 분명 강점이 될 것이다. 하지만 논리적으로 자신의 생각을 제시하는 능력은 아직 미숙한 편이라 이를 잘 다듬는 연습이 필요하다. 토의·토론 수업은 발표하는 방법뿐 아니라 자신의 생각을 어떻게 논리적으로 표현해야 하는지에 대한 교육이 가능하다. 교사의 직접적인 가르침이 아니라 다른 친구들의 발표를 듣고 '아! 저렇게 내 생각을 이야기하면 되는 거였어.'라고 깨달으며 성장할 수 있다.

모둠별 토론하기	찬반 토론하기

반 전체 토의하기	

Ⅱ. 수학과(2학년) 수업사례

이 문 석(수학과 교사)

1. 코로나-19라는 한계

가. 학생들 간의 소통, 협동, 탐구 과정의 수업이 불가능한 상황

나. 등교와 원격의 전환이 급작스럽게 이루어지는 상황에서의 수업 준비의 어려움

2. 자체 제작 동영상

가. 1단계 : ebs 프리미엄 강좌로 개념 수업 수강 후 중단원, 대단원 마무리 수업은 자체 녹화 동영상으로 반복 수강하게 지도함.

나. 2단계 : 자체 제작 동영상을 오프닝, ebs math 도입자료, 전개로 체계화 함.

3. 온라인 수업에서의 학생 접촉면 확대

가. 드롭박스 사용 : 컴퓨터의 폴더처럼 사용할 수 있을 뿐만 아니라 학생들이 가입없이 여러장의 사진을 올릴 수 있는 장점을 활용하여 풀이과정을 매시간 제출하도록 해 학생들의 실질적인 학습정도를 확인함.

나. 실시간 쌍방향 줌수업 확대 : 하반기 줌수업을 각반 주당 2~4차시씩 진행하여 대부분의 수업을 실시간 쌍방향 수업으로 진행함

다. 수업 중 상호작용 강화 : 줌의 채팅 기능을 활용하여 학생들이 수업 도중 간단한 퀴즈에 대한 답변을 하도록 해 상호작용 강화

라. 플리커 활용 : 플리커를 활용해 수업 중 교사-학생의 상호작용이 일어나게 하고, 학생들의 학업성취도를 월별로 데이터베이스화 해 도움이 필요한 학생을 피드백함.

마. 티쳐메이드, 카훗 등 보조 도구를 활용해 학생들과의 접촉면을 지속적으로 늘림.

4. 등교수업 시 교사-학생 상호작용

가. 주로 플리커를 사용해 학생간 상호작용이 제한된 상황에서 교사와의 상호작용이 수업 중 지속적으로 일어나도록 시도함. 학생들은 코로나 상황에서 수업시간에 쉽게 수동화되었지만 단순한 플리커 사용만으로도 학생들의 능동성이 일부 살아나는 것을 경험할 수 있었음.

플리커는 인터넷 없이 등교 수업 때도 사용할 수 있는 도구의 장점이 있어 휴대폰 사용이 일과 중 금지되어 있는 우리 학교의 특성상 별도의 준비 없이 수업을 진행할 수 있는 장점이 있었음. 더불어 휴대폰 사용 시 발생할 수 있는 부작용을 줄일 수 있었고, 온라인 수업으로 인해 모바일 기기의 과다한 사용이 문제가 되는 상황에서 등교수업 때는 가능한 모바일 기기를 쓰지 않으려는 노력의 일환이기도 했음. 또한 플리커를 사용하므로 인해서 원격수업과 등교수업의 학업성취를 일관되게 데이터베이스화 할 수 있었고 이를 개별지도에 사용할 수 있었음.

나. 드롭박스 풀이과정 제출과 연동해 미 제출학생을 지도해 등교수업을 통해 원격수업이 좀 더 내실있게 진행되도록 노력함.

Ⅲ. 영어과 수업사례

영어 그림책 읽기 수업을 통한 2학년 학생들의 사고력 신장 프로젝트

정은주(영어과 교사)

1. 언택트 수업을 위한 학습자료집 제작

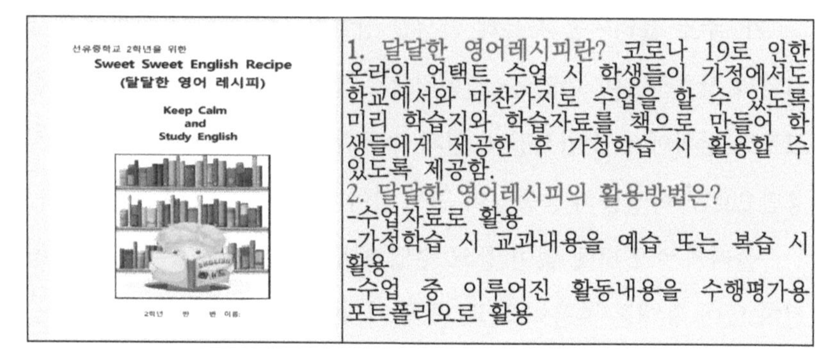

2. 온라인 쌍방향 수업 중 독서활동

3. 오프라인 독서토론활동

<table>
<tr><td>ROALD DAHL
THE MAGIC FINGER
Illustrated by Quentin Blake</td><td>2020학년도 [2]학기 The Magic Finger by Roald Dahl
[2]학년 [영어]과 독서논술 학습지1
2학년 ( )반 ( )번 성명 (
go over / shout / happen / look for / be able to / mean to do / laugh at / stupid / at once / whisker / laughter / muddy / huge / whether / quite / flash / a sort of
Main Plot in this Chapter: Write the main characters, conflict of the story
Opinions on Animal Hunting: for / against
Main conflict of the story
Philip / William / Mr. Gregg / YOU / YOUR opinion
Key Point of the Story
What is my special ability? She has a super power called ____
When does it happen?
Why did she put it on Old Mrs. Winter? Because Mrs. Winter ____
What happened to Old Mrs. Winter in class?
What did the children do when they saw Mrs. Winter changed?</td><td>2020학년도 [2]학기 The Magic Finger by Roald Dahl
[2]학년 [영어]과 독서논술 학습지2 (P16~P21)
2학년 ( )반 ( )번 성명 (
take off / wait for / wild duck / head towards / What a day! / be filled with / firewood
<Grammar>
My Key Point
When do I put the Magic Finger on someone?
What did it happen when I put the magic finger on someone?
How many wild ducks did Mr. Gregg and his children catch on the day I put the magic finger on them? They caught ____ wild ducks.
How many wild ducks did Mr. Gregg and his children miss on the day I put the magic finger on them? They missed ____ wild ducks.
In Mr. Gregg's opinion, what's the reason they missed the wild ducks? He thought ____
What do you think Mr. Gregg felt when he got out of his house to get the firewood? I think he ____
If you can have any kind of super power, what do you want to have?</td><td>]학기 The Magic Finger by Roald Dahl
어]과 독서논술 학습지3 (P22~P41)
2학년 ( )반 ( )번 성명 ( )
quick / take over / worm / hug / be full of / without / at last / not ~ at all / every time / in the end / be able to / must have p.p.
Grammar> 지각동사 see, hear, watch + 목적어 + 동사원형/ 현재분사-ing
My Key Points
Gregg family: good change : / bad change :
wild ducks: good change : / bad change :
happened to them all because of ____ of me.
slept in ____ on the tree.
made it with ____.
Gregg was good at ____ together.
difficult for them to ____
Answer the given questions.
They were ____
They were ____ men
Its meaning is get ____
She wasn't so tall that she could see into it.
=She wasn't ____ into it.</td></tr>
<tr><td>독서활동
The Magic Finger</td><td>독서논술활동지 1</td><td>독서논술활동지 2</td><td>독서논술활동지 2</td></tr>
<tr><td colspan="4">수업시간 중 독서활동을 통해서 학생들이 자연과 동물을 사랑하고 존중하며 다른 사람에게도 항상 존중하는 태도를 가져야 한다는 교훈과 함께 총기사용에 대한 자신의 의견을 영어표현으로 적어볼 수 있는 기회를 제공하고자 하였다.</td></tr>
</table>

Ⅳ. 사회과 수업사례

삶의 역량을 키우는 행복하고 활기찬 사회 수업

임선린(사회과 교사, 일산동고)

21세기 미래 사회가 원하는 인재는 많은 지식을 가지고 있는 사람이 아니라 정보를 활용할 수 있고, 정보를 찾아낼 수 있으며, 정보를 함께 공유하고 협력하여 창의적인 새로운 정보를 만들어 낼 수 있는 인재를 요구한다고 생각한다. 그래서 사회 수업은 단순한 교과서 지식이 아니라 학생들 한 명 한 명이 교과 내용을 자신의 삶과 연계시킬 수 있도록 구성하였으며, 그 과정에서 모둠원들과 공유하고 협력하여 새로운 혹은 삶에 유의미한 학습을 할 수 있도록 구성하였다. 또한 대부분이 수업은 학생들이 직접 만들어가기에 교사는 관찰자로서 최소한의 개입만 하였다. 그 덕에 교사는 학생 한 명 한 명을 자세하게 관찰할 수 있게 되었고 일반적인 수업을 통해서는 알 수 없는 학생 한 명 한 명의 성향, 장점, 단점을 파악할 수 있게 되었고 자연스럽게 교-수-기-평의 일체화도 가능해졌다.

1. 진로와 연계한 모의재판 수업

학생들이 가장 궁금해하고 기대하는 수업 중 하나가 모의재판 수업이다. 학생들은 자신이 법복을 입고 판사, 검사가 될 수 있다는 것에 생각보다 많은 기대를 한다. 그러기에 학생들의 참여도, 적극성은 최대라고 볼 수 있다. 모든 학생들이 법조인(판사, 검사, 변호사) 역할을 한 번씩 해 볼 수 있도록 민사 재판과 형사 재판으로 나누고 하나의 재판 내에서도 1부와 2부로 나누어 다양한 역할을 해 볼 수 있도록 수업을 구성하였다. 모둠이 민사 재판 혹은 형사 재판 중 무엇을 할지부터 각 자의 역할을 정하고 연습하는 모든 과정을 모둠원 전체가 협의하고 합의하여 결정한다. 그 과정에서 다양한 의견들이 표출되고 당연히 수많은 갈등이 발생하지만, 이 모든 과정이 학생들에게는 삶의 역량을 배워가는 과정이라고 생각하며, 대부분의 경우 대화를 통해 잘 해결된다.

2. 세계의 랜드마크(자유학년제 수업)

1,000개의 점을 모두 이어 완성하면 세계적인 랜드마크(에펠탑, 자유의 여신상, 런던 아이 등)가 완성되는 수업이다. 학생들이 힘들어 하면서도 결과물을 보고 가장 뿌듯해하고 만족감을 느끼는 수업이다. 학생들의 상상력과 창의력을 키워주기 위해 자신이 완성해 가고 있는

랜드마크가 무엇인지 알려주지 않으며, 채색도 자신이 상상하는 혹은 마음에 드는 색을 선택하여 채색하도록 하였다. 그 결과 현실에서의 랜드마크보다 더욱더 아름답고 멋있는 작품들이 나오기도 한다. 한 반에서 2~3명의 학생이 같은 주제의 랜드마크를 완성하기 때문에 활동 과정에서 서로 부족한 점을 도와주고 선의의 경쟁도 한다.

3. 세상에 단 하나뿐인 나만의 지도

학생들이 가장 힘들어하고 따분해하는 단원 중 하나가 세계지리

내용이 포함된 단원이다. 세계의 모든 국가에 대한 지식을 알아야 할 필요는 없다고 생각한다. 각 국가에 대한 정보는 인터넷상에 무수하게 많다. 그러기에 수업 시간에 국가별 지식을 배우는 것이 아니라 이러한 무수한 정보를 어떻게 찾아내고 자신의 것으로 만들어내는가가 중요하다고 생각한다. 그래서 각자 자신이 선택한 국가를 여행 할 예정이라 가정을 하고 그 국가에 대한 정보를 찾아내고 지도를 그려보는 수업이다. 당연히 이러한 과정을 통해 그 국가의 기후, 위치, 유명 여행지는 물론 사회, 문화, 경제 등 다양한 분야의 정보를 찾아내는 과정에서 자신만의 지식으로 만들어 내는 역량을 키울 수 있다.

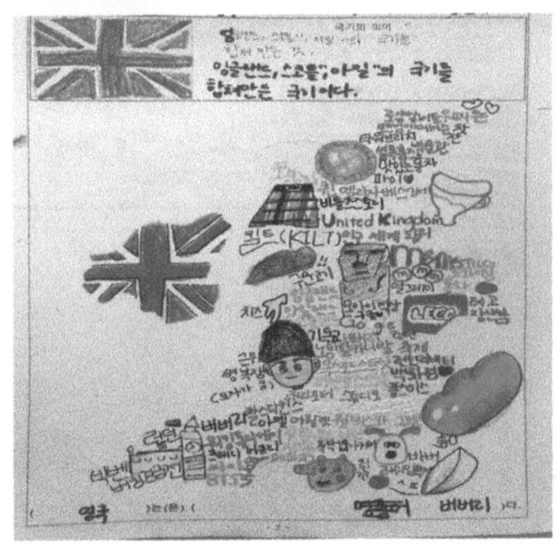

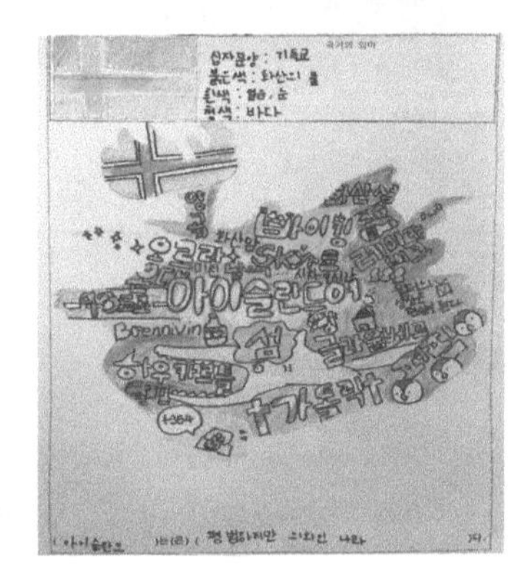

4. 나는 경제 전문가(친구의 설명이 가장 이해하기 쉬워요!)

교사의 체계적이고 화려한 설명보다는 친구가 어설프지만 자신들만의 수준에서, 자신들만의 언어로 설명해주는 것이 더 이해하기 쉬울 수 있다. 또한 요즘 학생들이 알고 있는, 자신이 말하고 싶은 이야기를 제대로 표현하지 못하는 경우가 많다. 자신이 준비한 학습 내용을 친구에게 가르쳐주면서 기본적으로 그 내용의 전문가가 될 수 있으며, 어떻게 하면 자신이 하고 싶은 말을 상대편이 이해하기 쉽게 설명할 수 있을까 고민해보고 설명하는 좋은 기회가 되는 수업이다. 또한 배우는 학생 입장에서는 친구가 가르쳐 주기에 이해가 좀 더 쉽고 부담없이 질문할 수 있어서 의미있는 수업이였다.

5. 살아있는 민주주의 교육 토론 수업

우리나라 교육의 가장 큰 문제점 중 하나가 정답만을 원하는 것, 그리고 상대편의 말을 듣지 않고 자신의 이야기만 일방적으로 하면서 대화가 되지 않는 것이라고 생각한다. 이는 학생들만의 문제가 아니라 성인들도 마찬가지인 것 같다. 그래서 사회 수업에서 토론 수업은 자신의 생각을 이야기하는 것도 중요하지만, 상대편의 생각을 경청하고 존중해줄 수 있는 토론 수업을 하려고 노력하였다. 토론 주제는 매 년 가장 사회적으로 이슈가 되고 있는 주제들 중 하나를 선택하며, 주제 선정 후 바로 토론을 시작하는 것이 아니라 각자의 모둠의 주장을 뒷받침할 수 있는 주장과 논거를 활동지에 정리한 후, 그 내용을 상대편 모둠에게 공개를 한다. 그럼 상대편의 주장과 논거를 알 수 있게 되고 그러한 상대편의 주장에 대해 반박할 내용들을 준비한다. 이러한 과정을 통해 상대편의 주장의 논리를 이해하게 됨은 물론 반박 내용을 준비하는 과정에서 자신들의 주장의 논리성을 더욱더 튼튼히 할 수 있다. 이러한 과정을 거치고 토론 수업을 진행하면 토론 수업의 질이 향상됨은 물론 자신의 주장과 논리를 차분하고 확실하게 이야기할 수 있는 능력이 만들어진다.

V. 과학과 수업사례

A. 코로나 시대의 과학과 수업 이야기

김민수(과학과 교사)

코로나 상황이 생기면서 과학 교과는 실습 수업이 위축될 수 밖에 없다. 실습을 준비하더라도 1인 실험이 가능하도록 수업을 준비하는 경우가 많아졌다. 서로 도와주고 함께 성장하는 혁신학교의 철학에 비추어 보면 너무나 개인 중심적인 수업으로 진행되는 것 같아 아쉬움이 남는다. 학교 전체의 수업을 보더라도 짝 없이 혼자 수업을 듣는 경우가 대부분이다. 때문에 강의 위주의 수업이 될 수 밖에 없고 수업을 잘 따라오지 못하는 학생은 포기하기도 한 것 같다. 결국 개별화 수업이 가능해야 하겠다는 생각이 들지만 30여명의 학생들을 각자의 이해속도에 맞게 수업을 진행하는 것은 불가능에 가깝지 않을까 싶다. 온라인 수업에서 조금이라도 학생들이 잘 이해할 수 있는 방법을 찾고 온라인 수업과 등교 수업을 밸런스를 잘 맞추어 수업을 구성해야 하는 새로운 숙제가 부여된 듯하다.

온라인 수업에서 학생들과 소통하고 서로의 과제를 공유하는 플렛폼으로 패들렛을 소개하고 싶다. 패들렛은 학생들이 쉽게 사진이나 짧은 글을 올리고 서로 공유할 수 있어 주어진 과제수행 여부를 확인하거나 필기 내용을 확인하는데도 사용할 수 있다.

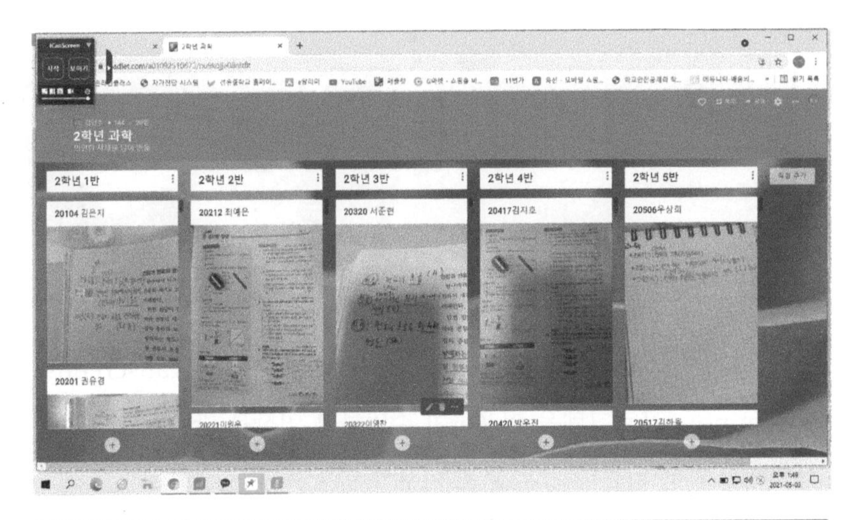

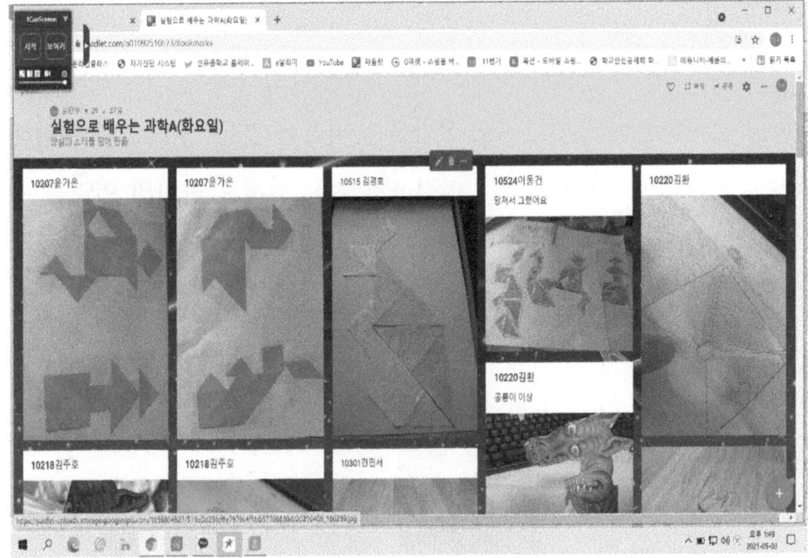

온라인 수업에서 실험 내용을 수업할 경우에는 웹캠을 추가로 설치하여 실험 기구를 촬영하여 학생들이 실험 상황을 볼 수 있도록 하는 것도 하나의 방법이 된다.

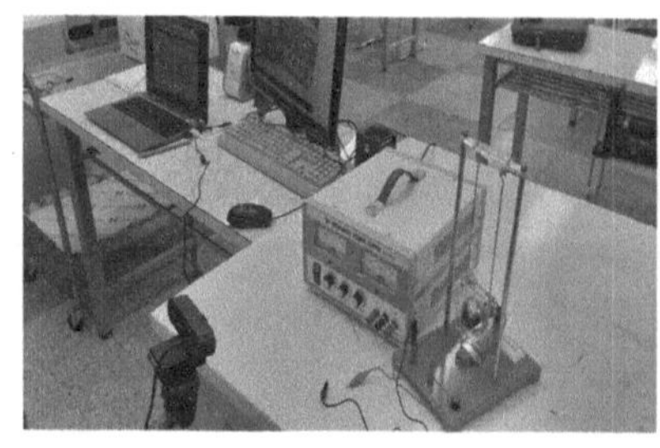

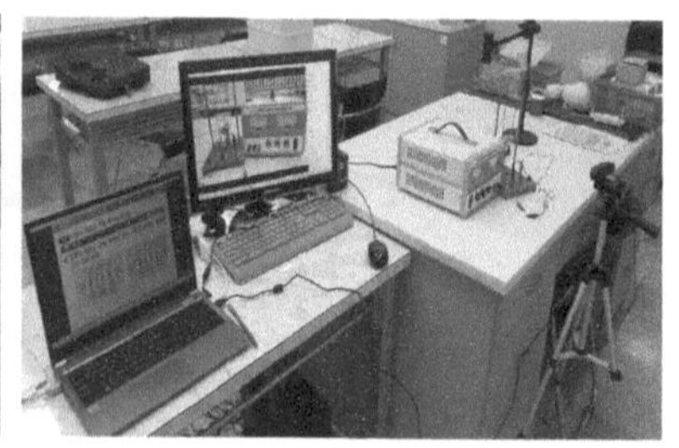

교과서 내용을 필기하거나 동영상을 제작할 때는 icanscreen이나 icannote 프로그램을 이용하여 수업하고 영상을 만들기도 하는데 여기에서 와콤 타블릿 같은 보조 기구가 있으면 훨씬 효율적으로 제작할 수 있다.

등교 수업에서 실습 수업을 하는 경우는 1인 실습이 가능하도록 실험을 준비하는데 조별로 8조 실습을 준비하던 것을 30 set를 준비해야 하기 때문에 준비하는 데 어려움이 있고 실제로 준비의 어려움 때문에 시범 실험으로 돌리는 경우도 있었다.

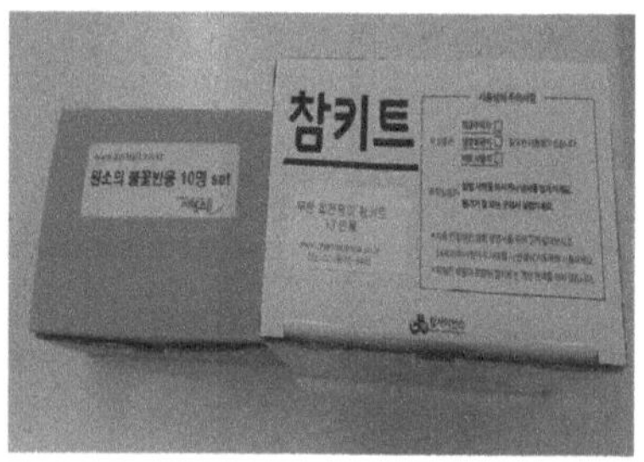

등교 수업 시에는 수행평가를 실시하여야 하기 때문에 등교하는 주에 수행평가가 몰려 학생들이 힘들어하고 지필평가 또한 1회만 실시하므로 시험 범위가 너무 많아 학생들이 어려움을 겪을 것으로 예상된다.

코로나 상황에서 수업을 하기위해 프로그램을 배우며 영상을 제작하고 과학실에서 수업을 하기 위해서 2인1조인 책상을 붙여 4명이 앉는 자리에 3명이 앉도록 간격을 만들고 손 소독 및 실험 기구를 소독하는 등 평상시 하지 않았던 많은 일들을 하고 있지만 우리 선생님들은 어떻게든 다들 잘 해내고 있다고 생각한다. 다만, 모둠 수업과 활동을 하기 어려운 상황에서 어떻게 서로 서로 배우는 배움의 공동체 철학을 이어갈 수 있을까 하는 것이 큰 숙제로 남아있다.

B. 1학년 과학수업 사례

임요한(과학과 교사)

1. 목적

자기 주도적 활동 수업으로 과학에 대한 흥미와 과학적 사고 능력을 함양한다.

2. 단원명 및 성취 기준

단 원 명	중학교 과학 1학년 Ⅰ. 지구계와 지권의 구조 2. 지각의 구성 물질
성취기준	9과01-02. 지각을 이루는 암석을 생성 과정에 따라 분류할 수 있으며, 암석의 순환 과정을 설명할 수 있다. 9과01-03. 조암 광물의 주요 특성을 관찰하고, 암석이 다양한 광물로 구성되어 있음을 설명할 수 있다.

3. 교육과정 재구성

1차시	2차시	3차시	4차시	5차시	6차시
화성암 (원격)	퇴적암 (원격)	변성암 (등교)	암석의 순환 (등교)	국가지질공원(1) (원격)	광물 (원격)

➡

7차시	8차시	9차시	10차시	자유학년제
암석마켓데이 (등교)	중단원정리 (등교)	국가지질공원(2) (등교)	국가지질공원(3) (등교)	① 손가락화석만들기 ② 보석광물도감만들기

4. 차시별 주요 활동 및 소감

차시	주제	내용
1	화성암	 • 다양한 암석을 생성 과정에 따라 분류하기 • 생성 환경에 따른 화성암의 특징 이해하기 • 활동지를 작성하여 패들렛에 업로드하기 원격으로 인한 학습 결손을 방지하기 위하여 활동 결과물을 패들렛에 업로드하게 함. 다수의 학생이 제출하였지만, 일부는 결과물의 완성도가 부족하여 보완이 요구됨.
2	퇴적암	 • 퇴적암의 생성 과정 이해하기 • Sketchfab을 이용하여 암석을 3D 화면으로 관찰하기 • 활동지를 작성하여 패들렛에 업로드하기 3D 화면으로 여러 사물을 관찰할 수 있는 Sketchfab 웹사이트를 안내하여 암석을 관찰하게 함. 실물에 가까운 고화질의 입체 사진에 관심을 보임.
3	변성암	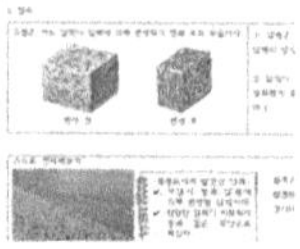 • 원격기간 학습 점검하기 • 변성암의 생성 과정을 이해하고, 변성암 분류하기 • 우리나라에 변성암이 분포하는 지역 알아보기 원격기간 학습 상태를 점검하고, 우리나라의 대표적인 화성암, 퇴적암, 변성암 분포 지역을 알아봄. 학생들의 여행 경험을 상기하여 암석에 흥미를 갖도록 유도함.

4	암석의 순환	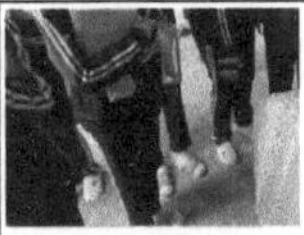 • 암석의 순환 과정 이해하기 • 우리 학교에 있는 암석 살펴보기 • 국가지질공원 조사 방법 알아보기 교실 창틀(화강암), 연못(편마암), 조회대(석회)을 관찰하여 암석의 특징을 정리하고 생활 주변에 다양한 암석이 있음을 인식하게 함.
5	국가지질공원(1)	 • 국가지질공원의 지질명소 1곳을 맡아 특징 조사하기 • 패들렛(지도)을 이용하여 조사한 지질 명소 공유하기 32곳의 지질명소를 분담하여 조사하게 함. 결과는 패들렛(지도)를 활용하여 위치, 사진, 특징을 공유하게 함. 우리나라 전 지역을 둘러본다는 점에 의미를 둠.
6	광물	 • 광물을 정의하고 특징 알아보기 • 방해석의 염산 반응 관찰하기 • 화강암을 구성하는 광물 관찰하기 실험 영상 및 결과 사진을 통해 광물의 특징을 살펴보도록 함. 교실 창틀을 이루는 화강암의 구성 광물을 제시하여 수업 이후 한 번쯤은 교실에서 암석을 관찰해보도록 유도함.
7	암석마켓데이	 • 구입해야할 암석의 특징을 조사하기 • 암석마켓에서 정확한 암석을 찾아 구입하기 명칭 없이 놓여 있는 암석을 특징만으로 찾게 하는 활동을 진행함. 이론으로 학습한 다양한 암석을 실물로 관찰할 기회를 통해 암석과 친해지는 기회를 제공함.
8	중단원 정리	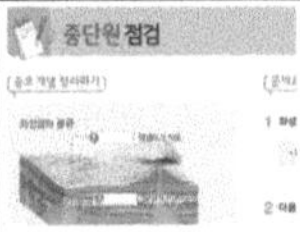 • 중단원 학습 개념 점검하기 • 중단원 정리 문제 풀이하기 성취도가 부족한 학생이 일부 발견됨. 활동과 함께 개념 설명 및 확인 학습이 더욱 필요함을 느낌.
9	국가지질공원(2)	 • 제주도 영상 시청하기 • 영상에 등장한 과학 용어 정리하기 교양 프로그램 영상을 통해 제주도의 지질학적 특징을 관찰하여 차시 진행될 국가지질공원 홍보물 만들기 활동을 준비함.

10	국가지질공원(3)	• 제주도 국가지질공원 특징 조사하기 • 모둠별 역할을 나눠 지질명소 표현하기 • 개별 결과를 모아 하나로 완성하기 제주도 국가지질공원 홍보물을 모둠별로 제작함. 한 시간안에 완성품을 만들기 위하여 종이를 모둠 인원수대로 잘라 개별 제작한 후 합쳐서 하나의 결과물을 만들게 함. 세밀한 그림 묘사보다는 지질학적 특징을 살리는 방향으로 유도함.
[자유학년제 연계] ① 손가락화석 만들기		• 화석의 생성 과정 알아보기 • 손가락 화석 만들기 • 6차 대멸종 알아보기 퇴적암 파트에서 다룬 화석을 연장하여 자유학년제 주제탐구 활동으로 손가락 화석 만들기 활동을 진행함. 실험 활동에 다수 학생이 흥미를 갖고 참여함. 인원수가 적으면 개별 학생에게 세밀한 지도가 가능할 것이라는 아쉬움이 남음. 남는 시간에는 6차 대멸종에 대한 영상을 통해 지질시대 화석으로부터 기후위기 상황을 도입하여 사회문제에 대한 인식을 갖게 함.
[자유학년제 연계] ② 보석광물도감만들기		• 광물을 정의하고, 다양한 보석 광물의 특징 알아보기 • 보석 광물 도감 만들기 • 6차 대멸종 알아보기 광물의 정의를 살피고 다양한 보석 광물을 관찰하여 광물과 친숙해지는 기회를 갖게 함.

Ⅵ. 예술교육(미술) 수업사례

김민정(미술과 교사)

1. '관계' 중심의 교육과정

선유 예술교육 활동의 중심축은 '관계'입니다. 나와 나 자신의 관계에서 시작되어 가족, 친구, 학교, 마을, 사회, 세계, 자연에 이르기까지 점차 확장되는 '관계'에 대한 이해와 발견을 위해 학년별 유기적이고 통합적인 교육과정을 구성하고 있습니다. 예술교육의 궁극적인 목적은 나와 세상에 대한 이해와 발견을 통해 삶의 작은 변화를 이끌어 내는 것입니다. 학생들이 교과 수업을 통해 이를 찾아갈 수 있도록 고민하고 질문하는 교육 환경을 조성하고자 했습니다.

2. 유기적, 통합적인 교육과정 재구성

주제중심의 수업 운영을 통해 학년별 연계성을 유지하고 있습니다. 선유 미술과 교육과정은 학습 내용의 깊이와 넓이를 점차 확장해 나가는 유기적이고 통합적인 구성으로 이루어지며 학생들의 성장과 발달에 눈높이를 맞추어 활동 내용과 표현 방법도 점차 심화해 나가는 운영체제입니다.

학년	주제	주제중심 교과내용 재구성
1	가족, 친구, 학교, 마을 안의 '나'의 이야기	마음을 담는 사진가, 우리는 모두 디자이너, 삶을 짓는 건축가, 세상을 바꾸는 영화감독, 나도 큐레이터
2	사람, 사회, 자연과의	사람을 말하다, 사회를 말하다, 자연을 말하다 '바라던 비다' 환경 프로젝트

	관계	
2, 3	타인의 삶에 대한 상상력	나와 너를 위한 디자인, 평등의 가치를 위한 디자인
1, 3	전통과 현대, 동시대 속의 '예술과 나'의 발견	한국미술 이야기, 이것은 미술이 아니다?, 가장 아름다운 관계의 발견, 경계를 걷는다

1학년의 경우 자유학년제에 해당하는 기간입니다. 확장되는 '관계'의 연장선에서 '미술과 진로'의 탐색 활동과 연결되어 자신을 돌아보며 주변을 인식하고 바라볼 수 있는 과정을 함께 했습니다. 근대미술의 범위에 갇힌 '미술'에 대한 고정관념을 깨고 드로잉, 입체표현, 사진, 영상에 이르기까지 다각적인 표현활동을 접해봄으로써 폭넓은 미술의 영역에 대해서 경험하고 살펴보게 됩니다. 이는 진로와 연결되어 자신을 탐색해 보는 과정으로 완성이 되지요.

2학년의 경우 사람, 사회, 자연이라는 주제를 자신의 삶과 연결하여 정의해 보는 과정을 함께 했습니다. 입체미술(조소), 회화(콜라주), 공예(염색) 등의 다양한 표현 방법으로 상징, 은유, 비유를 통해 자신의 생각과 목소리를 드러냅니다. 조형적 요소나 원리를 적용하여 시각화된 작품으로 서로의 생각과 이야기를 함께 나누어 보는 것이지요. 이 중 '사회를 말하다'는 현대사회에서 우리 주변을 둘러싸고 있는 시각문화(잡지, 광고, TV, 영화, 미디어 등)가 우리 삶과 인식에 미치는 영향에 대해 살펴보는 수업입니다. 사회와 문화에 따라 달라지는 시각문화의 특징을 이해하고, 현대사회의 미디어나 다양한 매체를 통해 고정화되고 파편화되는 관념과 인식에 대한 자신의 생각을 담아 세상을 향해 질문을 던지게 되는 것이지요. 당대의 사회적 이슈(코로나의 이면- 고령화, 청년층의 우울, 사회적 소수자 등)에 대해 토론해 보고 그 이면을 인식하며 콜라주 작품으로 사회에 질문을 던지는 하나의 시각화된 작품을 완성해 나가는 과정을 함께 했습니다.

3. 가장 아름다운 '관계'의 발견

"예술 하나만으로 세상을 변화시킬 수는 없다. 그러나 예술은 사람을 변화시키고 그는 그 자신의 삶을, 이웃을, 자신이 사는 지역을, 사회를 그리고 세상을 변화시킨다"

위의 이야기는 선유 예술교육과정의 전체적 흐름을 대신하는 이야기이기도 합니다. 마지막 3학년의 과정에서는 전통과 현대, 동시대의 미술과 만나게 됩니다. 전통의 형식과 방법 안에서 동시대 속의 우리들의 초상을 담아 재해석해 보는 풍속화와의 만남, '미술'이라는 개념의 전환과 그 이후의 표현 매체, 방법의 다양성과 확장성에 대해서 직접 경험해 보는 '이것은 미술이 아니다?', 주제와 표현 매체, 재료의 연결성이 중요시되고 다양한 영역의 경계를 넘나들고 있는 동시대 미술의 특징을 이해하며 자신의 삶 속에서 가장 아름다운 '관계'를 발견하게 되는 과정을 통해 학생들과 저는 다시 한번 자신과 세상을 마주하게 됩니다.

나를 알아가기 위한 기나긴 여정의 그 시작은 선유 예술교육과정으로부터 시작됩니다

Ⅶ. 코로나 시대의 스마트 플립러닝

조원정(국어과 교사, 파주스마트플립러닝연구회 회장)

1. 플립러닝 (Flipped Learning)

플립러닝이란 미국의 고등학교 교사 조나단 버그만(Jonathan Bergmann)과 애론 샘스(Aaron Sams)가 교내 스포츠 클럽 활동으로 인해 수업 결손이 발생한 학생들에게 수업 내용을 동영상의 형태로 제공하면서 시작된 학습의 한 형태입니다. 플립러닝이란 영어의 'flip'이라는 단어의 뜻에서 알 수 있듯이, 기존 교실 수업에서 다루었던 교과의 핵심 내용(지식)을 교실 밖으로, 교실 밖 과제를 교실 수업으로 이동하여 기존 강의식 수업의 형태를 '뒤집어' 학생 중심의 교실 수업을 실천하는 새로운 학습의 형태를 말합니다.

우리나라에서는 2014년 방영한 KBS 다큐멘터리 '거꾸로 교실'이라는 프로그램을 통해 '거꾸로 수업'이라는 이름으로 플립러닝이 많이 알려지게 되었습니다. 하지만 프로그램 속 수업에서는 사전 과제로 일명 '디딤 영상'을 제공하였는데, 이로 인해 플립러닝을 위해서는 이 디딤 영상이 꼭 필요하다는 오해가 생기기도 하였습니다. 저에게도 수업 영상을 제작해야 한다는 점은 큰 벽으로 느껴졌습니다. 그래서 처음 플립러닝에 대해 이야기를 들었을 때는 시도해 볼 용기 조차 나지 않았던 것이 사실입니다.

하지만 같은 교무실에서 근무하던 선생님의 추천으로 조나단 버

그만과 아론 샘스의 책을 접하게 되었고, 책을 통해 플립러닝이 반드시 영상의 형태로 학생들에게 사전 학습 내용을 제공해야만 한다는 오해가 풀리면서 플립러닝을 시작하게 되었습니다.

2. 스마트 러닝(Smart Learning)

플립러닝에 도전하게 되면서 자연스럽게 연결된 것이 바로 '스마트 러닝'이었습니다. 스마트 러닝은 스마트폰, 태블릿PC 등의 스마트 디바이스와 무선 인프라를 바탕으로 온라인 플랫폼과 애플리케이션을 활용하는 학습의 한 형태입니다. 학생들에게 사전 학습 내용을 전달해야 하는 플립러닝의 특성상, 학생들이 집에서도, 언제든지 학습할 수 있도록 학습 내용을 빠르게 전달할 수 있는 온라인 플랫폼이 반드시 필요합니다. 또한 플립러닝이 이루어지려면 학생들이 집에서 사전 학습을 반드시 실천해야 하는데, 이를 위해서는 사전 학습 내용에 대한 형성평가가 필수적이었고, 형성평가에 드는 시간과 노력을 절감하기 위해 자연스럽게 교육용 애플리케이션을 이용하게 된 것입니다.

스마트 플립러닝 연구회 주요 수업 콘텐츠 소개		
수업 브랜드	수업 소개	콘텐츠
인문학 카페	구글 클래스룸, 구글 설문, 카훗, 패들렛, 3D 펜 등을 이용하여 체험 중심의 학습 활동을 마켓 형태로 진행한 수업	인문학 카페

번.번.번. (번드르르하 고 번듯하게 번역하려면)	구글 번역 앱을 이용하여 우리말로 작성한 글을 영어로 번역하는 국어-영어 교과 융합 활동	번.번.번
하루한자(漢 字)	교육용 한자와 한자어를 따라쓸 수 있도록 동영상으로 제작하여 아침 조회 시간에 활용	하루한자

3. 코로나 시대의 스마트 플립러닝

2020년 코로나19로 인한 원격수업의 시작으로 스마트 플립러닝이 소수의 교사만이 실천하는 수업이 아닌, 모든 교사가 일상적으로 실천하는 수업으로 자리잡게 되었습니다. 작년 한 해는 교사들도 학생들도 처음 접하는 온라인 수업 플랫폼과 애플리케이션에 익숙해 지기 위해 많은 노력을 기울였습니다. 그러나 이제는 기술과 도구를 뛰어넘어, 원격수업과 등교수업을 연결하는 체계적인 수업 설계와 양질의 수업 콘텐츠 개발로 교육이 한 단계 더 도약해야 하는 시점이라고 생각합니다.

우리 학교 학생들을 가장 잘 이해하고 있는 선생님들과 함께 학생들의 학업 성취 수준과 특성을 면밀히 분석하고, 학생들의 원격수업 환경과 여건을 점검하여 우리 선유중학교의 특색 있는 스마트 플립러닝을 실천해 나갈 수 있도록 노력하겠습니다.

4장

학생교육 및 지원활동

4장 학생교육 및 지원활동

Ⅰ. 특별한 자유학년제 운영

지수경(1학년 부장)

2016년 '자유학기'가 전면적으로 시행되면서 중학교 교육과정에 많은 변화가 있었다. 자유학년제는 지식과 경쟁 중심에서 벗어나 삶에 필요한 역량을 기르는 수업과 평가를 실시하며, 학생의 꿈과 끼를 키우는 다양한 활동을 운영하는 학생 중심 중학교 교육과정이다.

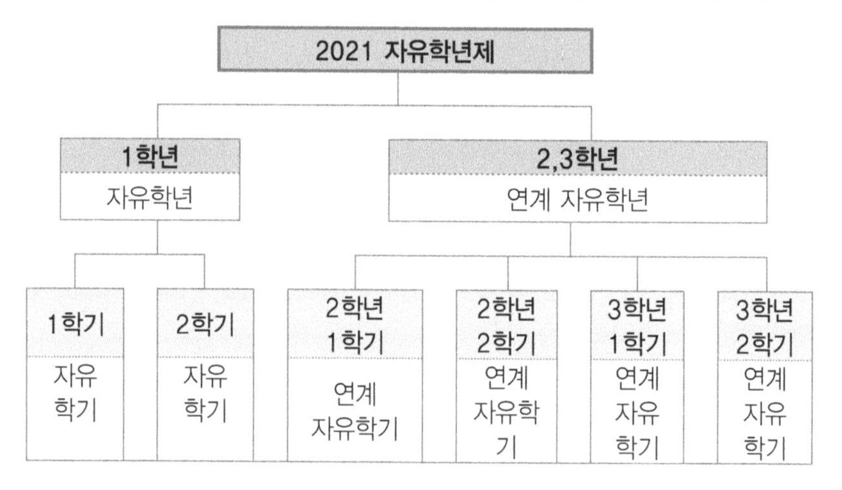

1학년은 자유학기 활동으로 '주제선택', '예술체육', '동아리', '진로탐색' 4영역을 1년 동안 221시간 이수하도록 되어 있다. 지역적 위치로 인해 문화적 혜택을 누리기 힘든 여건을 고려하여 더 많은 문화 활동과 체험을 할 수 있도록 진로탐색 영역을 계획하였다. 사진 자료에는 2020년 코로나 이전 진로탐색 영역을 중심으로 활동내용을 제시하였다.

코딩 수업(매년 10차시)
3D펜, 로봇, VR체험
다문화 이해, 인문학 수업
찾아가는 박물관 수업
독서바람열차(경의선)
대학탐방(연세대학교)
촉각 콘서트를 비롯한 여러 문화 공연

독서바람열차(경의선)	다문화 이해 수업
3D펜 활용 수업	VR체험

길위의 인문학 수업 우리마을 유적지 견학	 촉각 콘서트
	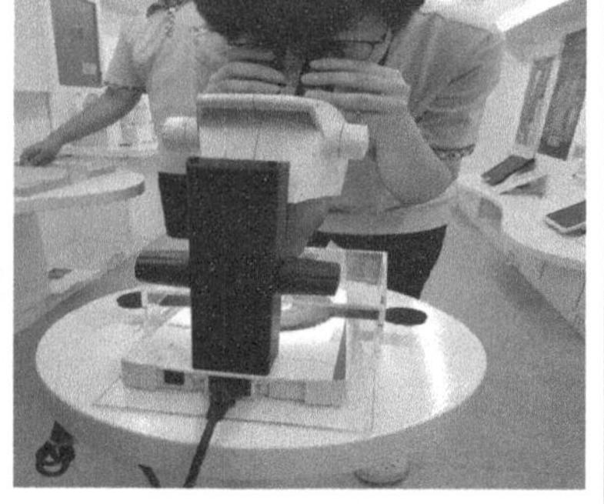
박물관 수업 1	박물관 수업 2

Ⅱ. 학생자치회 활동

임선린(전혁신부장, 일산동고 교사)

1. 민주주의의 꽃 선거(우리의 대표는 우리가 뽑는다)

학생자치회 임원을 선출하는 선거는 대의민주주의에 의거하여 학생들의 대표를 선출하는 중요한 과정이기에 선거 기획부터 운영까지 전 과정을 학생자치회, 선거관리위원회, 임후보자가 협의하고 결정하는 것을 원칙으로 하고 있다. 먼저 선거 공고부터 당선인 공고까지 모든 운영은 선거관리위원회의 관리하에 이루어지고 있다.

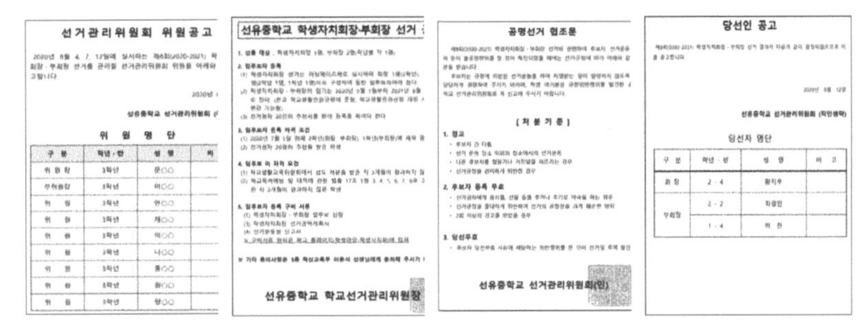
선거관리위원회 위원공고

위 원 명 단

선유중학교 학교선거관리위원장

공명선거 협조문

[처 분 기 준]

1. 경고

2. 후보자 등록 무효

3. 당선무효

선유중학교 선거관리위원회(인)

당선인 공고

당선자 명단

학생자치회 임원 선거 공고문(선거관리위원회)

또한 학생자치회와 선거관리위원회 주도하에 학생자치회 회칙(선거 규정)을 개정하여 대통령, 국회의원 선거에 준하는 선거 절차를 마련함으로써 살아있는 민주시민교육을 실현하고 있다.

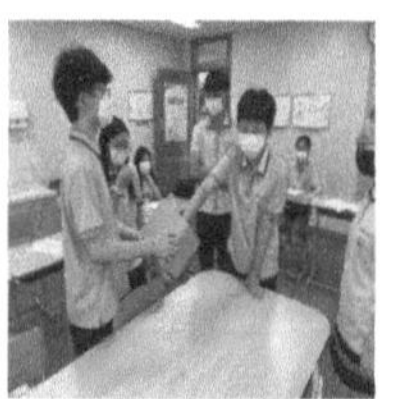

후보자 기호 추첨

후보자 정책 토론회

투표

투표함 봉인(선관위)

선유중학교의 자랑은 학생 중심, 공약 중심 선거(매니패스토)이다. 다년 간 시행해온 학년별 후보자 정책토론회 문화가 정착되어 유권자들은 정책토론회에서 후보자들에게 다양한 송곳 같은 질문을 던지며, 후보자들은 유권자들의 송곳 같은 질문에 대비하여 현실적이고 구체적인 공약 이행 계획을 준비함으로서 내실있는 정책토론회가 이루어지고 있다. 정책토론회 결과 유권자의 지지가 바뀌는 경우가 많아 유권자와 후보자들 모두 정책토론회에 매우 관심이 많다.

1학년 후보자 정책 토론회

1학년 후보자 정책 토론회

1학년 후보자 정책 토론회

2. 선유중학교 학생자치회 공식 유튜브 채널 선유TUBE

코로나19 상황과 함께 에너지 넘치던 학생자치회 활동이 많은 제약을 받게 되었을 뿐만 아니라 학생자치회 활동 홍보에 대한 제약이 많이 발생하게 되면서 학생자치회에서는 기존은 선유중학교 페이스북과 함께 많은 학생들이 즐겨 사용하는 플랫폼인 유튜브를 활용한 다양한 학생자치회 홍보, 졸업 축하 영상, 학생회장 선거 홍보 영상, 코로나 퇴치송 등을 업로드함으로써 선유중학교 학생들의 소소한 일상들을 볼 수 있다.

선유중학교 학생자치회 유튜브 공식채널 ‘선유TUBE’

3. 선유중학교의 주인공은 학생

선유중학교 학생들은 기존의 수동적인 피교육자로서의 학생이 아니라 교사, 학부모와 함께 선유중학교 교육공동체의 동등한 일원으로서 학생들과 관련한 다양한 학교 운영과 정책 결정 과정에 참여하고 있다. 대표적으로 학생자치회 주도의 교육공동체 대토론회를 운영하고 있으며, 학생들의 의견을 학급자치회-대의원회-학생자치회의 협력을 통해 수렴하여 교육공동체 대토론회 학생 안건을 상정시키고 현실화하고 있다. 그 결과 교육공동체 대토론회에 많은 학생들이 자발적이고 적극적으로 참여하여 다른 교육공동체 구성원들과 열띤 토론을 하면서 자연스럽게 민주주의를 몸으로 체험하고 있다. 또한 학교 내 최고 심의 기구인 학교운영위원회에 학생 대표가 학생들의 안건을 수렴하여 참여함으로써 학생들의 생각과 의견이 보다 효율적이고 빠르게 정책 결정에 반영되고 있다. 그 외 상시적인 학교장과의 정담회, 학부모대의원회 참여, 학부모 총회 참여를 통해 학생 자신들의 의견을 적극적으로 표현하는 한편 다른 교육공동체들의 생각을 들어보는 활동도 활발히 이루어지고 있다.

교육공동체대토론회

학교운영위원회 참여

학교장과의 정담회

학부모대의원회 참여

Ⅲ. 학교폭력 발생 최소화를 위한 3가지 제안

문시현(중국어 교사, 2020년 학교폭력 담당교사)

1. 선유 2단지 정자에 대한 마을공동체 협력을 통한 학폭 발생 차단
2020학년도 학폭 사안 발생 추이를 보면 학생들끼리 서로 연락을 하고 선유 2단지 정자에 모여서 싸움이나 갈등이 발생되는 경우가 적지 않았습니다.(해당 장소에 모여 음주를 한 사례도 있습니다.) 또한 본교의 학년과 학년끼리의 갈등을 넘어 고등학교를 포함한 타학교의 학생들도 함께 모여 구경하거나 가담하게 되면서 사안이 보다 심각해지고 복합적으로 진행되는 경우가 있었습니다. 선유 2단지 정자는 학생들의 비행이 자주 일어나고 괴롭힘을 비롯한 폭력이 자주 발생하는 장소이기에 이곳에 대해 정기적인 순찰과 감시가 진행된다면 학폭 발생을 선제적으로 차단하는 효과를 거둘 수 있다고 생각됩니다. 그러나 선생님들도 평일 야간이나 주말에 각자 가정이 있음에 따라 상주하며 순찰을 진행할 수 없기에 생활지도에 어려움이 있는 상태인데 이는 지역사회와 마을공동체의 협조를 얻어 해당 지역에 대한 생활지도체계를 구축하면 극복이 가능하리라 봅니다. 학교전담경찰관이나 마을공동체 인력의 협조를 얻어 평일 및 주말 야간에 정기적인 순찰이 진행된다면 아이들끼리 서로 모여 비행을 저지르는 행동이 차단되고 결국 본교의 학폭발생의 예방에 기여할 것으로 기대합니다.
2. 학폭예방교육의 내실화를 위한 세미나실 교육 활용 방안
새로운 학년도가 시작되면서 학생들이 학교폭력에 대한 경각심을 일깨우고 학교생활에 임하는 것은 학교 차원에서 봤을 때 보다 안전하고 따뜻한 학교풍토를 조성하기 위해 반드시 달성되어야 하는 과제라고 생각됩니다. 2020학년도에 학기가 시

작할 즈음에 코로나로 인해서 학교폭력 예방교육을 동영상으로 탑재하여 예방교육을 실시하였으나 학생들이 동영상을 끝까지 시청한 경우는 많지 않아 결국 학년 초 학교폭력 예방교육에 대한 교육적 효과는 기대수준에 미치지 못했습니다. 이에 따라 1/3 등교를 하게 되더라도 학교폭력 예방교육은 해당 학년 등교 주간에 학년 규모로 동시에 진행하는 것이 온라인 영상 탑재보다 높은 교육적 효과를 거둘 수 있을 것이라 생각되며, 결국 학교폭력 발생 전에 학생들의 경각심을 키우기 위해 선제적으로 접근하여 학폭예방을 달성할 수 있다고 봅니다. 이를 위한 실천방안으로는 첫 째, 창체시간을 활용하여 각 교실에 학폭 영상을 송출하고 학교폭력에 대한 교육을 안내 방송으로 진행할 수 있겠습니다. 둘 째, 1층 세미나실을 활용하여 학년 전체가 영상을 한 곳에서 함께 시청하고 학폭 관련 담당교사가 본교의 학교폭력 예방을 위한 교육을 진행하는 것이 있겠습니다. 두 번째 방안은 일방적인 전달교육의 형태로 진행되기보다는 영상 시청 후 학생들과 함께 학폭 사례에 대한 의견교환과 나눔의 과정을 거치고 학교폭력을 근절하기 위한 약속이나 서약식의 형태로 마무리 하면서 학폭근절 팔찌 등을 제공하고 팔찌를 착용하는 것 자체로도 학교폭력 근절을 위해 캠페인 문화에 동참하고 확산하는 방향으로 활용이 가능할 것으로 보입니다. (그러나 두 번째 방안은 개학이 임박한 현 시점에서는 관련부서의 업무를 과중하게 할 부담이 있어 조심스러운 생각을 갖고 있습니다.)

3. 학생 자신의 행동에 대한 성찰과 관련학생 간의 관계회복을 위한 생활교육위원회 활용

2020학년도의 경우에는 학생들 간의 관계에서 오는 갈등이나 마찰을 비롯한 사안은 전담기구를 활용하는 경로로 진행되었습니다. 학생끼리 싸우거나 갈등에 관련한 사안이 접수되었을 때 학교장 자체해결 사안으로 종결된 경우 관련학생들에 대해서는 조치사항 없음이나 일정기간의 교내봉사를 진행하고 마

무리되는 경우가 있었습니다. 저는 학생끼리의 갈등 상황이 학교폭력에 확실히 해당이 되고, 피해학생이 정식으로 접수하거나 사안이 중한 경우에는 전담기구를 개최하여 진행하는 것이 마땅하지만, 교육청 심의위원회에 가는 4가지 조건에 해당하지 않아서 학교장 자체해결로 진행될 것으로 예상되는 사안의 경우에는 학교생활교육위원회를 진행하는 것이 학생들끼리의 관계회복과 학생 자신의 내면성찰과 반성에 있어서 교육적 효과가 더 높다고 생각하고 있습니다. 전담기구를 통해서는 학생 개인에게 있어 학교장 자체해결로 마무리되었다는 통보나 일정 기간 동안의 교내봉사로 마무리하면서 면담의 과정을 거쳐 자신의 행동을 돌아보게 하는데 상대 학생의 감정을 헤아리고 자신의 행동을 돌아보는 관계적인 측면에서의 회복과 성찰이 싹을 틔우기가 충분하지 않아보입니다. 또한 전담기구에는 학부모나 학생이 참여하지 않고 전담기구 위원들의 의논하여 사안을 판정하지만 생활교육위원회에는 학부모와 학생이 위원들과 함께 한 곳에 모여 해당 행동에 대해 의견을 교환하는 과정 자체가 학생 개인과 학부모에게 있어서도 성찰과 반성, 나아가 상대 학생에 대한 감정적 이해까지 이끌어 낼 수 있어 관계회복의 바탕이 마련될 여지가 많고 또한 학부모의 각성으로 향후 유사 사례가 재차 발생되는 것을 예방하는 효과를 가져올 수 있다고 봅니다.

사안에 대한 처리 유형을 정리하면 아래와 같습니다.

1. 학생 간 중한 사안이 확인된 경우

피해학생의 학폭 진행 요청 접수가 있거나 사안 내용이 중한 경우 바로 전담기구 진행(원칙)

2. 학교장자체해결이 예상되는 학생 간 단순 마찰이나 갈등의 사안이 확인된 경우

경로 1. 전담기구 진행 및 학교장자체해결

1-1 학교장자체해결 통보 및 교내봉사 진행

1-2 학교장자체해결 결정 및 생활교육위원회 진행 여부 심의

1-3 학교장자체해결 결정 및 자기성찰 및 관계회복 과정

추진

경로 2. 전담기구를 진행하지 않고 사안 확인 시 학년부장과 교장 및 교감이 사안을 판단 후 생활교육위원회로 진행
(위의 1-2 과정이 사안을 전담기구와 생활교육위원회에서 이중을 처리할 수 있다는 판단에 전담기구를 진행하지 않고 바로 생활교육위원회로 진행)

현재 선유중학교는 학생들끼리의 다툼이나 싸움은 전담기구의 경로를 통해 학폭사안으로 진행하고 있고 기물 파손이나 음주, 흡연 등의 행동에 대해서는 생활교육위원회를 진행하는 형태로 이루어지고 있습니다. 그러나 학교규정에 의하면 생활교육위원회는 학생이 학교 교칙을 지키지 않은 경우에는 모두 진행할 수 있는 것으로 되어 있습니다.

위의 제 의견은 학교장자체해결로 예상되는 사안이 확인된 경우, 학생의 내면 성찰과 상대학생과의 관계회복을 위해서는 전담기구보다는 생활교육위원회가 교육적 효과가 더 높고 향후 유사행동의 예방에 있어서 보다 효과적이라는 판단에서 제시한 개인적인 의견입니다. 물론 전담기구를 진행하면서 학교장자체해결로 결정 후 관련 부서에서 학생 간의 관계회복을 위해 별도의 과정을 편성하여 진행하는 것 또한 교육적으로 적절한 선택지라고 생각됩니다.(1-3)

짧은 경력에서 학폭 업무를 담당하면서 겪은 고민을 제안의 형태로 담았으나 제시한 의견 자체가 적절하지 않을 수도 있다고 생각됩니다.

Ⅳ. 평화로운 생활을 위한 2학년부 활동 지도

정은주(2학년부장)

1. 동아리 및 방과후학교 활동 운영

동아리 활동	-코로나 19로 인해 전교사의 토론활동을 통한 동아리 운영방법의 결정 -전교 24개 동아리 활동의 학년별 구성 및 온라인과 오프라인 병행운영 -10개 자율동아리 활동의 운영을 통한 특색 있는 학생활동 운영
방과후학교	농산어촌 지원금 842만원을 활용한 방과후학교 기초학력향상교육 운영 -1학기 5개 교과 : 영어 3개반, 수학 2개반 운영 -2학기 9개 교과 : 영어2개반, 국어2개반, 수학2개반, 과학2개반, 중국어 -코로나19로 인한 소규모 학생지도 및 방역활동 철저 -오프라인 수업에 어려움이 있는 경우 온라인 쌍방향 수업 운영

2. 사제동행활동 및 학생자치활동(학생자율동아리 활동)

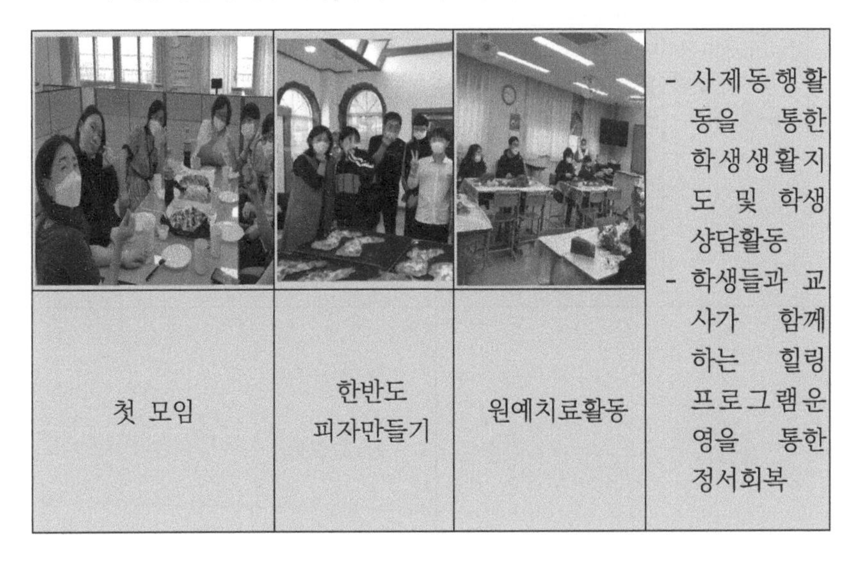

첫 모임	한반도 피자만들기	원예치료활동	- 사제동행활동을 통한 학생생활지도 및 학생 상담활동 - 학생들과 교사가 함께 하는 힐링 프로그램운영을 통한 정서회복

코로나극복 프로젝트	실내화대여	탈의실 개선	영화감상	학생자치활동을 통한 학교 환경개선과 코로나극복 프로젝트 운영

3. 기초학력 향상을 위한 노력

교과별 독서지도	방과후 기초학력지도	멘토-멘티 활동	아침독서활동	회복적 생활지도
국어, 사회, 영어과목에서 교과별 독서지도를 통한 사고력 향상 지도	영어실력이 다소 부족하여 1학년 교육과정의 보충학습을 희망하는 학생들을 대상으로 방과후에 학습지도를 실시함	2학기 17개 멘토-멘토멘티지도가 이루어졌으나 코로나19로 인한 등교정지로 7개 그룹만 동아리 봉사활동시간을 부여받음	코로나19로 인하여 아침독서활동을 취소했으나 일부 학급에서 등교수업 시 아침시간 독서활동을 지도하고 독서내용을 발표하는 활동을 지도함	2학년 학생들의 생활지도를 위하여 회복적 생활지도를 적용하여 예방위주의 지도 실시 -사안 발생 시 2회의 갈등화해모임을 활용하여 학년부장, 담임교사, 학생들이 대화를 통해 화해할 수 있는 기회를 제공함

V. 학생을 위한 회복적 대화모임

- 학기말 서클 진행

회복적생활교육연구회

1. 목적

: 한 학기를 돌아보며, 서클의 의사소통구조를 통해 모두가 말하고 모두가 서로의 이야기를 경청하는 존중과 배려의 학급문화를 제고하기 위함이다.

2. 방침

가. 학년별, 학급별로 서클을 구성하여 학급 공동체 간의 의사소통을 원활하게 한다.

나. 코로나-19의 상황에서 예방적 의미로 한 학급을 둘로 구분하여 서클 내에서 거리두기를 실천하고 방역수칙을 철저히 지킨다.

다. 각 학급 두 그룹의 결과물을 학급 내 게시와 안내를 통해 학급 구성원이 함께 공유한다.

3. 세부계획

가. 일자 : 2021. 7.5- 7.8

나. 대상 : 전교생

다. 장소 : 선유중학교 해당 교실

라. 세부내용

	시간	활동	내용
1	10	환영, 소개 & 침묵서클	환영의 인사, 진행자 소개, 서클 안내, 주춧돌, 일정소개, 침묵서클
	15	공간열기 & 체크인	노래를 듣고, 연결해서 자기 소개하기
	15	활동 1	오브제를 활용한 자기표현하기
	5	연결놀이	마음열기, 친밀해지기, 서로를 둘러보는 놀이활동
휴식			
2	5	충전놀이	에너지를 함께 모아보고, 안전한 공간을 경험해 보는 놀이활동
	25	활동 2	학기말 돌아보기 - 존중받거나 배려 받았던 경험을 통해 한 학기동안 의미 있었던 일 과 또는 그렇지 못해서 아쉬웠던 일 - 우리 학급에서 좀 더 안전하고 즐겁게 지내기 위해 필요한 것(내가 할 수 있는 것, 친구들에게 바라는 것)
	10	체크 아웃	오늘 활동 후 소감, 새롭게 알게 된 것.
	5	공간닫기 & 세레머니	친구들에게 듣고 싶은 말(힘이 나는 말) & 파도타기

마. 학급별 진행 시간표

교시	7/5 (월)-5학급(2학년)				7/6 (화)-6학급(1학년)				7/8 (목)-4학급(3학년)			
	담당강사	학급	담당강사	학급	담당강사	학급	담당강사	학급	담당강사	학급	담당강사	학급
1 2		2-1		2-2		1-1		1-2		3-1		
3 4		2-3		2-4		1-3		1-4		3-2		
5 6		2-5				1-5		1-6		3-3		3-4

바. 학기말 서클 프로세스

*진행자 : 총 6 명

*대상 : 1.2.3학년 학생(학급별 2그룹 각 15명 내외)

*시간 : 학급별 2시간

*서클준비물: 빔, 전지, 매직펜(12색 2세트), 수퍼스티키(포스트잇)

*서클 주제 : 학기말 돌아보기 서클

시간	순서	내용	준비물
10	환영과 안내	- 환영 - 서클 안내(서클, 주춧돌, 센터피스, 토킹피스: 오케이), 강사이름 소개(별칭 사용하기) - 침묵(5~10초이내)서클 : 2초 침묵, 침묵으로 연결하여 침묵 경험하기	센터피스, 꽃,보자기, 차임,주춧돌
15	공간열기 체크인	- 노래(민들레는 민들레) - 자기소개(이름), 노래를 들으면서 떠오르는 것, 어떤 생각이 들었나요?	민들레 영상
15	활동1	- 오브제를 활용한 자기표현하기, - 나를 표현하는 물건을 고르고, 그것을 고른 이유를 나누어 주세요.	다양한 오브제
5	연결놀이	- 안녕? 나는 00이야, 00아 반가워, 나는 ~~한 사람을 좋아해.	
10	휴식		
5(10)	연결놀이	- 훈민정음, 스피드게임(단어5개*3를 적어서 한팀에 한명씩 나와서 설명을 듣고,	단어 쪽지

		팀안에서 몸으로 설명하고, 팀이 손들고 맞추기)	
25	활동2	- 토킹피스 안내(00아 나와-두손으로 초대, 고마워) - 한학기 동안 우리반에서 의미있었던, 기뻤던 일은(존중받거나, 배려받았던 경험) ? - 아쉬웠던 일을 생각하면서/ 남은시간 학급친구들과 어떻게 보내고 싶은지, 우리학급에서 좀더 안전하고 즐겁게 지내기 위해 필요한 것은? (내가 할 수 있는 것, 친구들에게 바라는 것 : 포스트잇에 자신의 오브제 그리기)(부언: 이유를 설명해도 좋아)	전지, 포스트 잇 매직펜
10	체크 아웃	- 오늘 활동 후 소감, 기억에 남는 것, 새롭게 알게 된 것은?	
(5)	공간 닫기	- 내가 친구들에게 듣고 싶은 말(힘이 나는 말)?세레모니(파도타기)	

Ⅵ. 학생상담활동

윤지연(전문상담교사)

목적

1. 학생의 정서적인 안정과 심리적 발달 지원

2. 학생에게 맞춤형 상담 프로그램 제공으로 학교 적응력 향상

3. 학생, 학부모, 교직원을 위한 안전하고 행복한 학교 문화 조성 및 학교폭력 예방

추진 방향

1. 학생 및 교사, 학부모 상담, 자문, 교육 지원

2. 상담 운영을 통한 학급 내 위기 학생 조기 발견 및 부적응 예방

3. 학교생활에 부적응을 겪고 있는 학생에 대한 맞춤형 프로그램 제공

4. 학생 및 학부모가 학교생활 전반에 대해 도움을 받을 수 있도록 Wee클래스 소개 및 활용 안내

세부 추진 계획

1. 상담 활동

1. 학생 이해자료 확충
· 상담 활성화를 위한 학급별 홍보(3월)
· 담임 및 교과교사로부터 도울 학생 확보
· 조사 결과 분석 및 활용

2. 학생 개인상담 및 집단상담
· 개인/집단상담: 희망 학생, 학교 부적응 학생, 위기학생, 학교 폭력 피·가해학생 등
· 교사 상담 및 자문
· 상담 결과에 따른 외부기관 연계 : Wee센터, 상담센터, 병원 등
· 심리검사: SCT, 교우관계검사, 부모양육태도검사, 성격5요인검사, 학습전략검사 등

3. 학부모 상담
· 시기: 1학기(4월), 2학기(10월)
· 가정과의 연계로 학부모-교사-학교가 협력하여 학생들의 성장발달을 지원
· Wee클래스 Wee센터와 연계한 심층 상담을 통해 자녀교육 역량 강화
· 특별한 관심이 필요한 학생의 보호자(한부모, 맞벌이, 다문화 가정 등)의 상담 참여 독려

4. 학생정서행동특성검사 실시 및 사후관리
· 시기: 4~5월(검사 실시 및 관심군 선별), 6~12월(관심군 사후관리)
· 학생정서행동특성검사 결과 우울·자살 징후 등 문제 징후 학생에 대해 담임교사 면담과 Wee클래스 연계를 통한 예방적 상담 적극 실시
· 전문가에 의한 심리·치료가 필요한 우선관리군 학생과 학교 부적응 학생을 구분하여 Wee센터, 보건복지부 지역 정신건강 증진센터 등과 연계하여 상담·치료 지원
· 지역 내 상담 관련 유관기관(청소년상담복지센터, 정신건강증진센터 등)과 적극적인 연계· 협력 체계 구축

2. 교육 활동

1. 학업중단숙려제 및 학업중단예방교육
· 시기: 4~12월
· 대상: 등교 거부, 장기결석 등 학업중단 위기 학생과 잠재적인 학업중단 우려가 있는 학생
· 내용: 개인/집단상담, 심리검사, 부모상담, 학교 밖 청소년 지원 기관 안내 및 정보 제공

2. 맞춤형 학습상담
· 시기: 4~12월
· 대상: 1학년 학생 중 학습지원 필요성이 인정되는 학생
· 내용: 학습상담 대상 학생 심층 진단(비언어성지능검사)/심층 진단(읽기·쓰기검사) 실시
3RS(읽기,쓰기), 국어 교과 학습전략, 정서·행동영역 등(1:1 맞춤학습상담) 심층적 지원
지속적인 담임교사/학부모 상담을 통한 연계 지원

3. 학교 내 대안교실 운영
· 시기: 5~12월
· 대상: 학교 부적응 학생
· 내용: 학교 부적응 위기 학생에 대한 맞춤형 특별 프로그램 제공, 학생 한 명 한 명이 적성과 소질에 맞는 교육을 받을 수 있도록 공교육에서 다양한 대안교육 기회 제공

4. 또래상담부 동아리 운영
- 시기: 동아리 시간 및 시간 외
- 대상: 2, 3학년 학생 12명 내외
- 내용: 학교에서 함께 생활하는 또래상담자의 상담 및 지원 활동을 통하여 학교 부적응 학생들이 잘 적응할 수 있도록 조력

5. 학부모 및 교사 연수 교육
- 시기: 교사 연수(4월 학부모 상담주간) 및 학부모 연수 (10월 학부모 상담주간)
- 대상: 청소년의 심리 이해, 대화법에 관심 있는 학부모와 교사
- 내용: 수요도 조사 결과에 따라 주제 선정하여 학부모 상담주간 기간을 이용해 운영

Ⅶ. 학생 건강교육

이하윤(보건교사)

목 적

건강에 대한 올바른 보건 지식을 길러 습관과 태도를 형성하여 질병을 예방, 건강을 유지, 증진시키는 자기 건강관리 능력을 개발함으로써, 건강한 생활을 영위케 하는 데 있다.

추진 방향

1) 학생은 생활의 과반수이상의 시간을 학교에서 보내며 정해진 시간표에 의해 생활하게 되므로, 이들이 건강하고 안전한 생활을 영위할 수 있도록 학교보건요원의 활동을 강화하고 깨끗하고 명랑한 교육환경을 조성한다.

2) 학교생활을 통하여 건강에 대한 올바른 지식을 배우고 건강생활을 위한 행동을 습관화 할 수 있는 능력을 길러주어 신체적 뿐만 아니라 정신적 사회적으로 성숙되어 한 사람의 건전한 시민을 양성하는 데 있다.

3) 보건에 대한 정확하고 풍부한 지식을 제공하여 조직적이고 체계적인 보건교육과 보건관리 등을 실시하여 개개인의 태도와 습관을 변화시켜 건강하게 자랄 수 있도록 한다.

세부 추진 계획

1. 보건교육

1. 1학년 이상 17차시 지속적인 보건교육 실시
 · 흡연·음주, 심폐소생술, 응급처치, 약물 오남용, 성교육, 건강질환 등의 보건교육 실시
2. 흡연예방실천학교 사업 운영
 · 안전동아리와 함께하는 흡연예방 캠페인 실시
 · 흡연예방 보건교육 (흡연예방 뮤지컬 시청)
3. 성교육(양성평등)
 · 전 학년 교과 통합형 성교육 실시(14차시)
 · 전 학년 성매매, 성폭력, 성희롱 예방교육 실시
 · "양성평등 실천주간" 운영하여 성평등 문화 만들기
 (9월 양성평등 캠페인 및 사행시 짓기 행사)

2. 학생 건강 관리

 · 건강기초조사를 통한 요양호자 학생 관리 및 상담 (3월)
 · 요양호자 학생 관련 교직원 연수 (4월)
 · 응급환자 관리를 위한 응급의료체계 관련 교직원 연수(4월)
 · 매 월 건강 관련 보건소식지 발행
 · 학생건강검진을 통해 건강상태 파악 및 관리 (5월~10월)
 · 보건실 건강상담 실시(상시)
 · 보건실 건강모형을 통해 건강문화 만들기

3.학교감염병관리

· 전 학년 감염병 예방 보건교육 실시(입학/상시) : 방송교육, 가정통신문 발송
· 학생 감염병 관리조직(감염병대책위원회) 구성하여 방역계획 수립(3월)
· 감염병 모의훈련 시행하여 감염병 발생시 신속한 대처방안 강구(3월)
· 코로나19 대응 매뉴얼 점검하여 감염병 대응 비대면 교직원 연수 실시(2월)
· 나이스 건강상태 자가진단 시스템 정비하여 실질적 건강상태 자가진단 실시 및 모니터
· 방역물품 구입 및 각 교실 방역키트 배부
· 현장점검 체크리스트 실시

〈 코로나19 대응 매뉴얼 점검하
연수(2021.2

4. 미세먼지 관리

· 미세먼지 비상대책반 구성하여 미세먼지 대응계획 수립(3월)
· 교육지원청과 비상연락망 구축하여 신속한 정보 전달
· 미세먼지 대응관련 교직원 연수(3월)
· 미세먼지 예방 교육(전학년/학기초)
· 공기청정기 청소 및 점검(매달)하여 학기별 1회 공지
· 미세먼지 발령 단계별 조치계획 안내(예보)

제목 없음

보낸 시간 : 2021년 03월 30일 오전 08:52

〈미세먼지/황사 안내〉
전국 대부분이 황사 영향권으로 미세먼지가 심합니다.
어제 평균농도가 1000(pm-10) 이 된 지역도 있습니다.
금일은 PM10: 163, PM2.5: 21 (8시기준) 으로 황사와 미세먼지 매우나쁨상태로
공기청정기 옆 전원버튼을 눌러 사용해주세요.
교내 공기경정기 가동 시 창문을 닫더라도 이산화탄소 농도 조절을 위해 쉬는시간마다 짧게 환기해주십시

〈 학교 미세먼지 안내 〉

Ⅷ. 학부모교육활동

서인숙(진로상담부장)

◎ 목 적

- 학교·학부모·지역사회가 함께 하는 건강한 교육 공동체를 구축한다.

- 학부모들이 교육 현장의 참모습을 이해하고 올바른 자녀 교육관을 정립한다.

- 제반 교육 활동에 동참함으로써 학교에 대한 이해와 협조 체제의 기반을 마련한다.

◎ 추진 방향

- 학생 생활지도계획 등 학부모의 교육과정 운영에 대한 참여 폭을 확대한다.

- 학부모의 학교 참여를 통해 학교 교육에 대한 신뢰를 구축한다.

- 학부모의 역량 강화를 위한 연수 및 교육의 기회를 제공한다.

◎ 세부 추진 계획

1. 역량강화를 위한 학부모 연수

1. 학부모 역량강화 (십대 청소년 이해하기/아이들의 성교육)
· 십대 자녀들을 이해하기 위한 부모로서의 역할 훈련
· 십대 청소년에 대한 이해 및 부모들의 자기 발견
· 우울증, 무기력증, 왕따, 교우관계에 대한 심리적, 환경적 지원의 역할 이해

2. 미디어의 이해와 미디어 리터러시
· 미디어에 대한 이해와 미디어 리터러시 교육 (이미지 리터러시/광고비판적으로 보기/유튜브 리터러시)

3. 공부하기 지도방법
· 인성과 창의력을 개발시켜 주는 2인 학습토론법인 하브루타 러닝법 연수 (공부는 마라톤, 부모로서의 페이스메이커 역할 이해)
· 독서기반 프로젝트
· 자기주도학습 능력 배양을 위한 학부모 코칭

4. 아이들과 대화하기
· 스킬 연수(반응 스킬/창의적 표현스킬/코칭스킬)
· 가정 내의 탈무드식 대화법 이해 및 실천 훈련
· 베스트가 아닌 유니크를 지향하는 대화

2. 학부모 학교참여

· 학부모회 운영을 통한 학부모회 활동 (학부모회/대의원회/간담회) 및 운영 협의(Zoom 줌 회의)

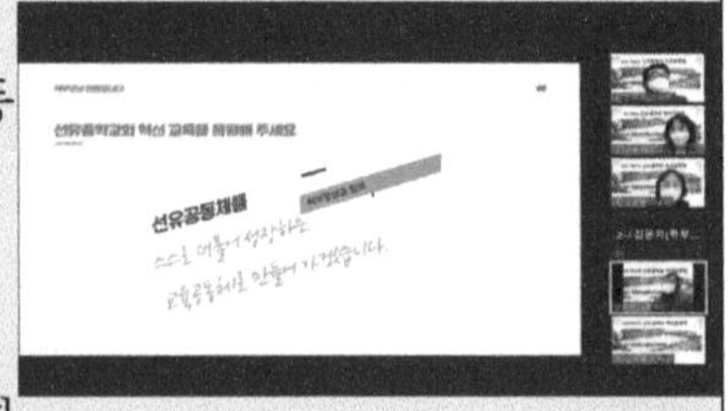

· 학부모 대상 공개수업 참여

· 학부모상담주간을 통해 담임교사와의 상담을 통해 자녀교육 역량 강화

· 학부모 폴리스 활동, 급식 소위원회 활동, 학교규정심의위원회, 교복선정위원회, 체험학습 위원회 등 참여

· 기부(교복관리/ 직업 및 상담 분야)를 통한 학부모 자원봉사 기회 확대

3. 평생교육

· 스칸디아보스 시계, 액자 만들기 (5월)

· 안전교육(심폐소생술CPR,6월)

· 천연세제 만들기 (7월)

· 목공예 (9월)

· 라탄공예 (10월)

5장

창의적 체험활동

5장 창의적 체험활동

Ⅰ. 자율동아리 활동

파주교육청 세바창과 함께하는 선유자율동아리 활동

정은주(2학년 부장)

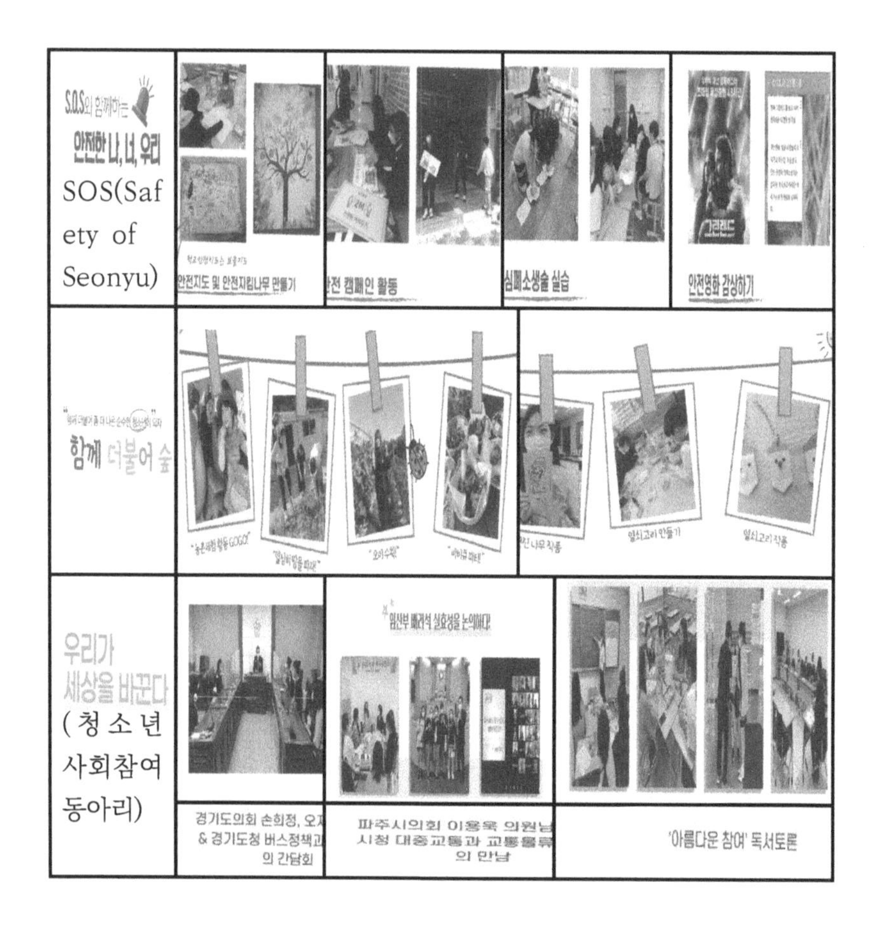

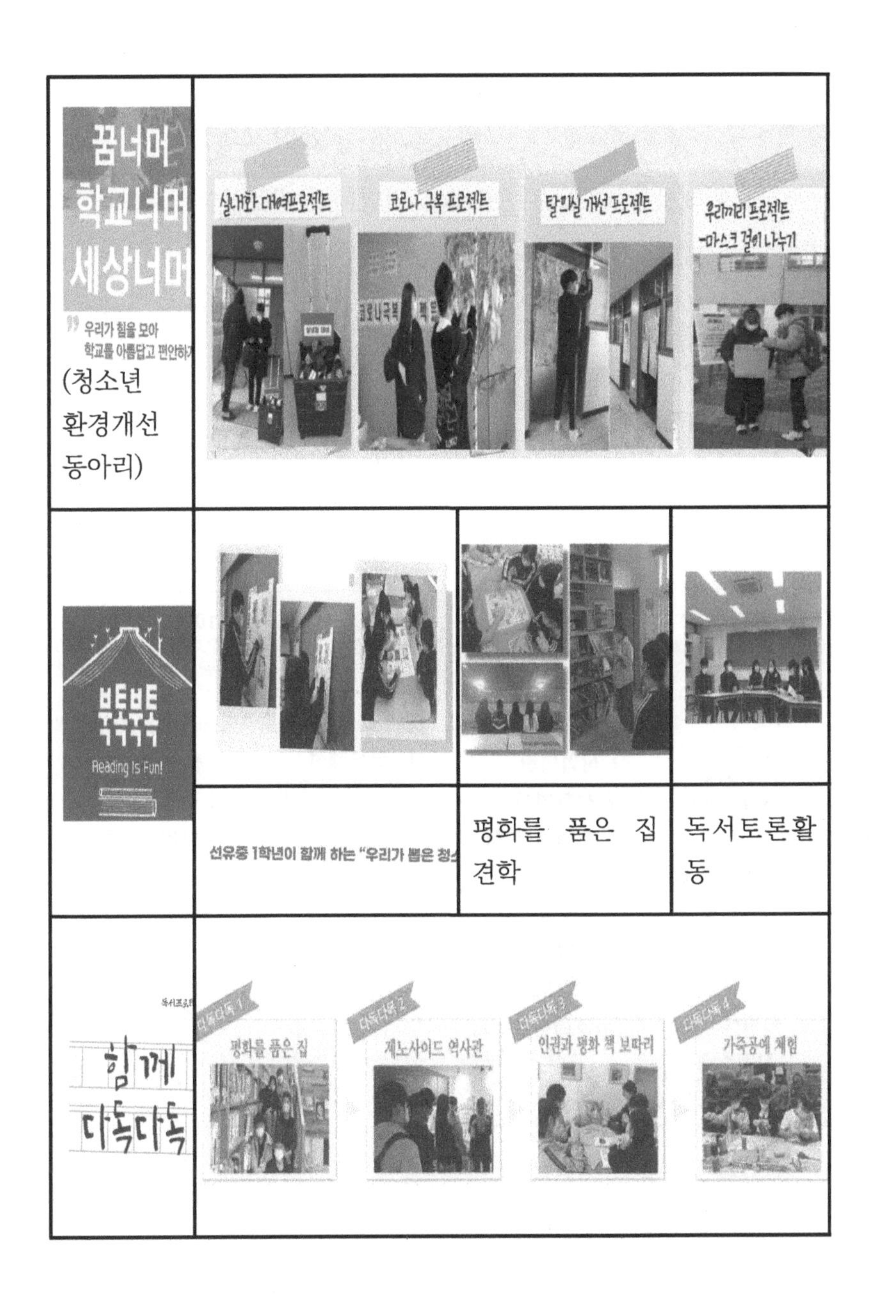
꿈너머
학교너머
세상너머
우리가 힘을 모아
학교를 아름답고 편안하게
(청소년
환경개선
동아리)
실내화 대여프로젝트
코로나 극복 프로젝트
탈의실 개선 프로젝트
우리끼리 프로젝트
-마스크 걸이 나누기
북톡북톡
Reading Is Fun!
선유중 1학년이 함께 하는 "우리가 뽑은 청소
평화를 품은 집 견학
독서토론활동
함께
다독다독
다독다독 1
평화를 품은 집
다독다독 2
제노사이드 역사관
다독다독 3
인권과 평화 책 보따리
다독다독 4
가족공예 체험

Ⅱ. 진로교육활동

나를 이해를 기반으로 진로수업·직업체험·진로상담을 통한 나의 진로 설계 프로젝트

최임선(진로진학교사)

1. 진로수업

- 진로 수업에서 진로발달에 필요한 내용을 시상을 통해 진로동기화 함

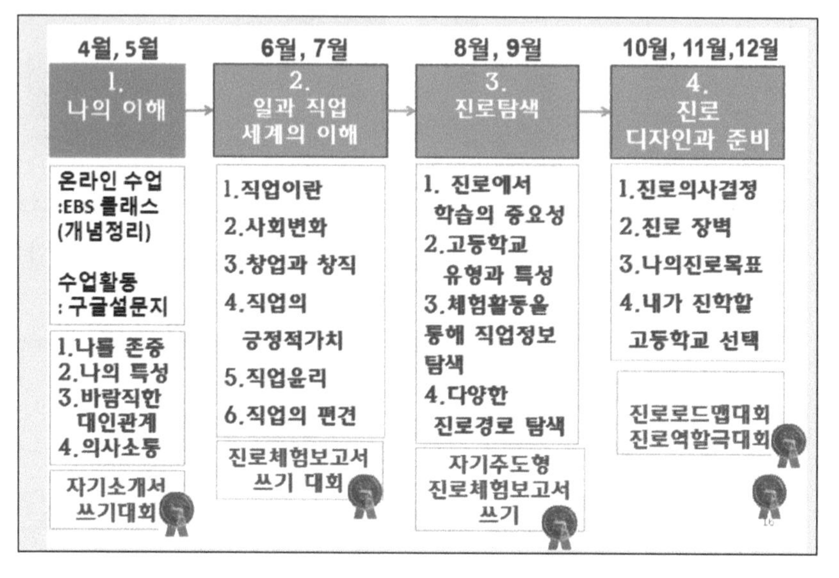

1.1 학생중심 진로수업

1) 진로 생각 나눔 시간

- 진로에서 기반이 되는 자존감, 바람직한 대인관계, 직업의 긍정적 가치, 직업의 편견과 고정관념 등 학생들의 생각 나눔으로 채워지

는 진로수업시간에 학생들 스스로 자신의 생각을 나눌 수 있는 시간.

2) 진로 연극 활동

- 일상생활에서 발생할 수 있는 갈등 상황의 해결 방법들을 제시하고, 모둠별 시나리오를 작성하여 연극 활동.

- 자신의 15년 자신의 모습으로 진로멘토가 자신의 직업을 소개하는 역할극 수업

1.2 체험 중심 진로수업

1) 직업에 초청 진로멘토링 활동

- 항공기 정비사, 심리치료사 직업인을 초청하여 관련 직업 체험을 함.

2) 원격 진로멘토링 활동

- 가수(린아), 레퍼(이로한), 가방디자이너, 사육사, 수의사, 기자, 유투버크리에이터, 샌드아티스트, 로봇공학자 등 직업인을 실시간으로 원격으로 만나서 직업을 알아봄.

2. 진로체험활동

2.1 진로의 날 진로 창의적 체험활동

- 직업인을 초청하여

2.2 특성화 고등학교 징검다리 직업체험 활동

- 특성화 고등학교에 방문하여 직업 체험활동을 통해 진학과 다양한 직업을 체험함.

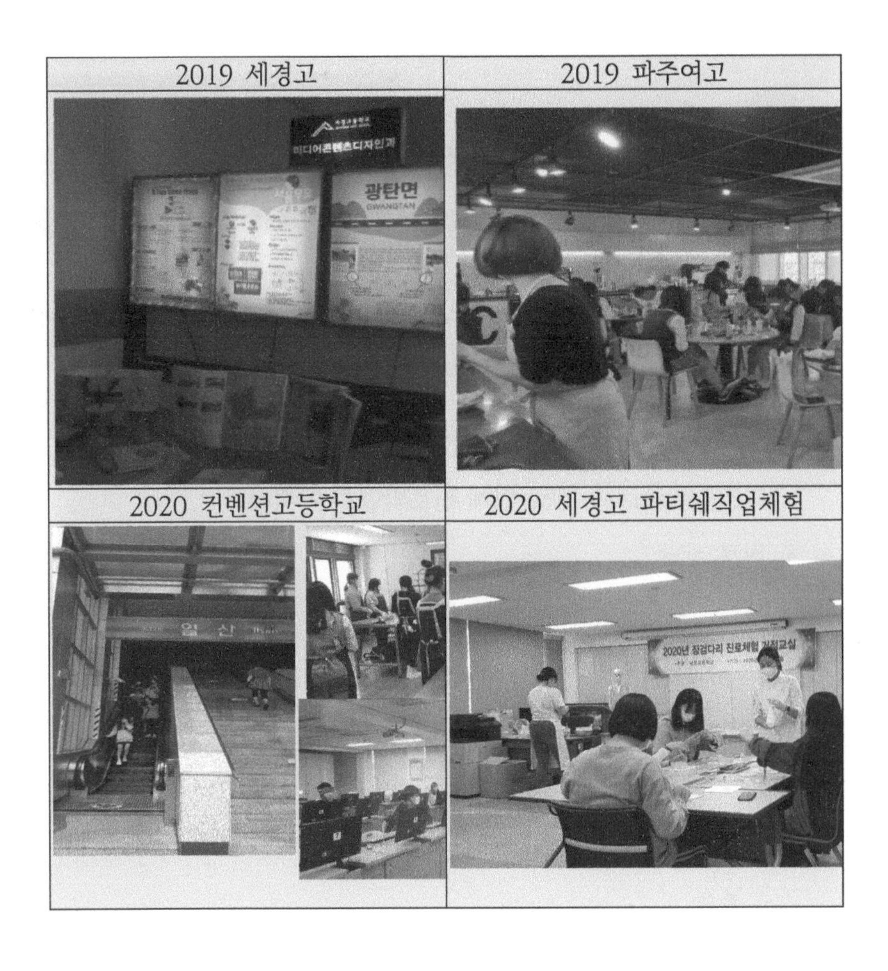

2019 세경고	2019 파주여고
2020 컨벤션고등학교	2020 세경고 파티쉐직업체험

2.3 진로박람회 참여 (2019)

- 파주시에서 개최하는 진로 박람회에 참석하여 직업체험과 진로 상담에 참여함.

* 2020년은 코로나 19로 인해 진로박람회 미개최

3. 진로 상담

- 진로 설계 과정에서 핵심 부분이 자기소개서, 직업체험보고서, 진로로드맵, 진로역할극 대회를 통해 시상을 하므로써 진로 동기를 부여함.

4. 진로 상담

4.1 목적

- 개인별 상담 활동으로 중학교 진로 교육의 나의이해와 직업탐색 영역을 확장하여, 진로 설계 능력을 함양하기 위함.

4.2 방침

- 전 학년 학생 중 희망자를 대상으로 실시하며 적어도 사전 예약제로 운영함

- 상담일지를 지속적으로 기록하며 모든 상담 시간은 수업 시간과 동일하게 간주하며, 수업시간에 학생이 담임교사와 교과 담당 교사의

확인을 받아 상담을 실시하며, 상담내용을 기록하여 학부모님께 전달하거나 전화 상담을 하여 상담 내용을 관한 피드백을 함.

4.3 내용

1) 표준화 검사 : 학년별 표준화 검사를 실시하여 진로교육과 상담에 활용함.

대상	2017	2018	2019	2020	2021
1학년	학습능력 검사		홀랜드 진로 적성검사	EBS 다중지능 검사	다중지능 검사
2학년	다차원인성 검사	마인드핏 인성건강 검사	CST-A 성격강점 검사	EBS 진로발달 검사	EBS 진로발달 검사
3학년	KAT-한국형 적성검사	홀랜드 진로 적성검사	M - FIT 다요인지능검사	EBS 진로탐색 검사	EBS 진로탐색 검사

2) 진로상담 내용

- 진로상담은 2학년이 가장 많으며, 관련 내용은 다음과 같다.
- 진로상담내용은 진학, 진로, 기타로 나뉘게 된다.

진학 상담
- 3학년 학생들이 진학 상담을 함. - 1,2 학년에 진로에 대한 고민을 하지 않다가, 3학년에 올라와 진학에 대한 고민을 하면서 상담을 신청함. 나의 이해가 되지 않은 경우 표준화검사 자료나 간단한 흥미, 적성, 가치관 검사를 진행 함. - 관심 있는 고등학교에 내신에 대한 상담. - 고등학교 정보를 좀더 상세히 알고 싶은 학생들은 직접 진로담담 교사와의 전화 상담을 연계 함.

- 자신이 원하는 고등학교가 있으나 담임선생님과 의견이 달라서 고민하는 학생의 가정환경과 학부님의 의견을 듣고 객관적인 정보를 얻기 위한 목적으로 진로상담 업체와 연계도 함. - 전학을 가고 싶어서 고민하는 학생도 있었음 (상담교사와의 연계로 대안학교 위탁교육) - 멘탈이 약해서 가고 싶은 고등학교로 진학 할 수 없다는 학생도 있었음.

진로 상담
- 상담내용 예) 꿈이 너무 많아서 고민인 학생, 관심이 있는 직업이 없거나 생겨서 상담하는 학생. 원하는 직업이 확실한데 부모님이 싫어해서 고민인 학생, 자존감이 너무 약해 목표를 설정하는데 어려움이 있은 학생, 유형검사결과와 원하는 직업이 달라 고민하는 학생, 주변에서 너무 많은 직업들을 권유해서 고민하는 학생, 2020년에는 유학을 가고 싶은데 코로나로 불안감을 느낀 학생, 자신이 무엇을 원하는지 충분히 얘기하고 싶은 학생 들도 상당히 있음. - 다양한 이유로 상담시 얘기하는데 진로 상담은 가족과 교우관계 등 기타상담을 먼저 진행하여 충분히 자신의 삶을 오픈하여 나누는 과정을 필요한 경우가 많다. - 직업에 관한 정보를 제공하기 위해 진로카드나 커리어넷을 활용한 직업상담과 나의 이해 자료를 활용하여 직업 탐색을 함께하거나, 둘이서 상담을 원하는 학생들은 프레지더카드를 활용하여 함께 진로를 탐색함.(때론 자신보다 친구가 자신의 장점을 발견할 때가 있음)

기타 상담
- 상담내용 예) 수업시간의 태도문제, 친한 친구와의 다툼과 친한 친구와 자신의 진로 유형과 달라 등 교우관계, 그냥 자신의 이야기를 편하게 하고 싶은 학생들, 학급에서 역할이나 동아리 선택에서 원하는 것을 선택하지 못해 참여하지 않는 학생, 가정에서 자신만 누나와 여동생으로 힘든 학생, 부모님의 경제적인 어려움 때문에 고민하는 학생, 귀신이 보인다고 하는 학생까지 다양한 상담내용이 있음 - 학생과 소통이 필요한 부분에서 소통하여 자신의 이야기를 할 수 있도록 함. - 친한 친구와의 교우관계는 성격유형 이해를 통해 서로 다름을 인정하는 방법을 알려주고 서로 오해가 있지 않도록 충분히 듣고 말할 수 있도록 지도하에 소통하도록 함. - 위클래스 상담교사와 연계로 진행하는 케이스가 많음.

Ⅲ. 독서교육활동

전진숙(사서 교사)

1. 방침 및 목적

가. 학생 중심의 열린 교육과 자기 주도적 학습 실현한다.

나. 탐구 학습과 창의력 개발에 기여한다.

다. 교과 학습과 연계한 독서 교육을 실시하여 학생들의 바른 인성을 길러준다.

라. 학생들의 민주 시민의 태도와 공공심을 길러 준다.

마. 학생들의 능동적인 학습 의욕을 고양시킨다

2. 방법

가. 신학기나 책의 날 등 절기별 행사로 간식과 행사에 맞는 선물 준비하여 도서관 이용을 높임.

나. 도서관을 많이 이용하도록 지도하고 독서교육 종합지원시스템 가입으로 자신의 독후감을 3년간 관리할 수 있도록 지도함.

다. 중앙도서관의 독서 마라톤을 전교생이 참여하므로 책읽는 습관을 들이도록 하며 독후 표현을 통해, 기록장 관리를 통해 독서 습관을 가지도록 함.

라. 교과에서 도서관 활용 수업을 통해 원하는 도서를 찾아 읽고 독후 활동을 하며 한 학기 한 권 읽기를 함.

3. 연도별 사례

1) 2019년도 : 2018년도까지는 사서가 없이 담당 교사가 도서부

의 활동으로 기본 업무로 운영함. 행사의 일환으로 디카시 쓰기, 서평 쓰기, 십자말 퀴즈, 도서기호로 책 찾기, 책 제목 십자말 퀴즈 만들기, 책 이름으로 행시 짓기, KDC 10분야별 선택 도서 읽기, 모방시쓰기, 끝말잇기 등을 운영함.

가. 도서부 동아리 숲 체험: 율곡수목원 20명 참여

나. 별빛 달빛 : 5월 말에 1층 홀과 시청각실을 이용하여 혁신부에서 40여명의 학생과 20여명의 교사와 함께 밤샘으로 독서할 도서와 주제 도서를 제공하고, 독서 릴레이 퀴즈 맞추기, 내 마음에 다가오는 한 문장(원고지 책갈피 만들기), 영화상영, 운동장 한바퀴(산책), 소감문 작성, 간식 타임 등으로 쉬어가는 시간을 가지며 독서함.

다. 선유 가을빛 독서마당 : 10월 중순에 4층 선유 글밭도서관에서 개별 독서마당, 독서 레크레이션, 독서 공예마당, 소감문 작성하므로 마무리함.

라. 방학중 사례: 팀별 독서토론으로 지정도서를 함께 읽고 모듬별로 주제를 토론하고 촌극 발표. 책 제목 스피드 퀴즈, 초성 퀴즈, 비경쟁독서토론, 북트레일러 강사를 모시고 3일간에 걸쳐 내가 읽은 도서의 북트레일러 제작.

마. 기타

◇ 2학년에서 아침 인문 독서 _책을 품은 아침_ (책품아)를 운영하여 연중 시험기간을 제외한 8:20~50에 원하는 도서를 읽되 기록장을 작성함.

◇ 2학년에서 친구에게 칭찬의 엽서 써서 나무에 달기

2) 2020년 : 온라인 도구 활용을 위한 연수와 도구 활용 연구로 교

구 제작하여 책 읽어 주고 함께 설문에 답하는 형식으로 영상으로 책 읽고 나누는 시간을 가지게 함. 등교시에는 비주얼 씽킹을 학습하며 실습하여 개인의 장단점, 읽은 책 중요부분 정리를 연습함.

● 3D펜으로 진로관련 원하는 작품이나 모형 만들기

● 방학중 온라인으로 의정부교육도서관 프로그램 벽돌 깨기 참여로 두 권의 책을 읽고 밴드로 느낌을 공유함

나만의 대출증	도서부동아리 숲체험1
도서부동아리 숲체험2	여름독서교실 토론 발표
3D펜으로 모형만들기1	3D펜으로 모형만들기2

Ⅳ. 학교'특색'활동

A. 교사 독서 동아리 활동

이지혜(1학년 부장)

1. 목적

이 동아리는 회원들의 다양한 분야의 독서를 통해 지적 욕구를 채우고 동료들과 친목을 다지며, 학생의 독서교육에 도움이 되는 것을 목적으로 한다.

2. 세부 추진 일정

(1) 회원 모집

예상보다 많은 선생님이 신청해 주셔서 10명의 교사로 시작하고 추가로 2명이 들어오셔서 12명의 회원으로 독서 동아리가 구성되었다. 원하시는 분은 동아리에 항상 들어와서 활동하실 수 있음을 공지를 통해 알리고 홍보를 하였다.

(2) 도서 선정

선생님들 각자 읽고 싶으신 책 나눔의 시간을 가졌고 여러 사람이 모이다 보니 인문, 사회, 문학 등 다양한 분야의 책 목록이 나왔고, 많은 선생님들이 관심을 가지는 책을 선정하고 순서를 정했다.

비통한 자들을 위한 정치학 -	리스본행 야간열차 -파스칼 메	행복한 학교를 만드는 공간 혁신 -서	모래알만 한 진실이라도 -박	우리도 행복할 수 있을까	우리의 불행은 당연하지 않습니다

파커 J.파머-		예식 외-	완서-	-오연호-	-김누리-

(3) 방학 중 모임

코로나19 상황이고 또 겨울 방학이 바로 시작되어서 방학 중 모임은 줌 실시간 모임을 하였다. 2주에 정한 1권 책을 읽고 발제자를 정하여 발제와 발표 후 질문과 토의를 통해 생각을 공유하였다.

(4) 학기 중 모임

넓은 도서관에서 거리를 두고 동그랗게 앉아서 책 읽은 소감을 나누고 서로의 생각을 듣고 질문을 하기도 하고 생각을 나누는 시간을 가졌다.

(5) 학기 중 시간이 안 될 때

학기 초는 업무도 많고 적응의 시간이기에 여유가 없었다. 그럴 때는 단체 카톡방에서 의견을 나누는 시간을 갖기로 했다.

(6) 활동 내용

리스본행 야간열차 : 겨울 방학 중 줌으로 진행	비통한 자를 위한 정치학 : 챕터를 나누어 발제를 하여

B. 학생 독서 동아리 활동

전종호(교장)

1. 선유리 청년들

가. 1차 모임

-날짜 : 2021년 1월 15일 11.30~1240

-장소 : 교장실

-남경민, 양도영, 김지원, 전종호

-읽은 책 : 인사 및 책 정하기

000/ 짬뽕. 이혼 엄마. 할아버지 할머니 율곡리 이혼후 서울서 파주로 이사. 장염. 자주 배가 아픔. 많이 먹음. 성격 좋음. 느리게 읽음/ 2학년 선행학습 머리 터질 것 같음. 배그 복자

000/ 볶음밥. 말수 적음. 할아버지. bmw. 여자 친구. 진흥 아파트. 집에 친구 초대하지 않음. 부모 눈치.기절한 적 있음. 조금 운동하면 어지러움. 특수아 동생. 하루한끼먹음. 적게먹음

000/ 짜장면. 말수 적음. 진흥아파트. 여자친구. 헬스 다님(부모님 직장). 적게 먹음

나. 2차 모임

-날짜 : 2021년 1월 22일

-장소 : 교장실

-양도영, 김지원, 정세빈, 전종호

-읽은 책 : 라면은 멋있다(공선옥, 창비)

둘러앉아 돌려가며 책 읽기

남경민 결석/머리 아프다고 못 온다고 했다가 온다고 했다 결국 안 옴

양도영/지원이가 집에 가서 데려옴. 책 안 가지고 감. 책은 읽을 수

있으나 내용 요약은 잘못함

김지원/못 온다고 문자 왔으나 오라고 하니까 도영이 데리고 옴. 책 끝까지 안 읽음

정세빈 /책 다 안 읽음. 태한이 집에 가서 데리고 오라고 했으나 혼자 옴. 책 안 읽어옴. 책에 대해 곧잘 이야기함

이태한/ 결석

- 다음 주 옥수수 뻥소니 읽어 올 것
- 아침에 못 일어나서 3~5시로 시간 조정

다. 3차 모임

-날짜 : 2021년 1월 29일 15.00~1700

-장소 : 교장실

-양도영, 남경민, 김지원, 정세빈, 이태한, 전종호

-읽은 책 : 옥수수 뻥소니(박상기, 창비)

둘러앉아 돌려가며 책 읽기

라. 4차 모임

-날짜 : 2021년 2월 5일 11.30~1240

-장소 : 교장실

-양도영, 김지원, 정세빈, 남경민, 이태한, 전종호

-읽은 책 : 공부하기 싫은 날(신엄중학교 시집, 작은숲)

-둘러앉아 돌려가며 책 읽기

마. 5차 모임

-날짜 : 2021년 2월 19일 11.30~1240

-장소 : 교장실

-양도영, 김지원, 정세빈, 이태한 전종호

-읽은 책 : 공부하기 싫은 날(신엄중학교 시집, 작은숲)

-둘러앉아 돌려가며 책 읽기/ 시 쓰기

<table>
<tr>
<td>버스
김지원

난 오늘도 버스를 탄다
하지만 오지 않는다
하지만 난 계속 기다린다
그치만 오지 않는다

걸어가는 게 더 빠르겠다
그냥 걸어가자</td>
<td>빵
정세빈

빵을 먹었더니
태한이 배 빵빵
우리 엄마 배도 빵빵
내 동생 배도 빵빵
브베 배도 빵빵
아
야무지게 먹었다</td>
</tr>
<tr>
<td>태한이
정세빈

친구 없는 태한이
진짜 없는 태한이
재미있는 태한이
키 작은 태한이
친구는 나 하나뿐인 태한이
우린 평생 친구다</td>
<td>동물소리
정
세빈

태한이 꿀꿀
우리 엄마 입에선 잔소리</td>
</tr>
</table>

내 친구 이태한 머리가 길쭉한 친구 가르마를 하는 친구 옷을 잘 입는 친구 키가 아주 큰 친구 키가 작은 친구 모든 게 긴 친구	감자 이태한 난 감자처럼 되고 싶다 감자는 필요할 때가 많다 요리할 때도 쓰이고 튀길 때도 쓰인다 나도 감자처럼 도움이 되는 존재이면 좋겠다.

2. 〈이허이〉 독서 동아리

가. 1차 모임

-날짜 : 2021. 4월 5일

-이민채, 허찬, 이세이, 전종호

-읽은 책 : 위저드 베이커리(구병모, 창비)

책을 읽을 때는

1) 내용을 파악하고 줄거리를 머릿속으로 정리하거나 써볼 것

2) 내용을 전개하기 위한 특별한 얼개(프레임)가 무엇인지 파악할 것

3) 표현에서 특별히 인상적이거나 좋은 표현을 독서 노트에 적어두고 나중에 글을 쓸 때 활용해 볼 것.

〈예시〉 모든 것이 가장자리에서(글항아리, 파커 파머)/전종호 - 누구나 내면의 지혜를 갖고 있다. 지혜를 불러일으키는 가장 중요

한 방법은 대화이다.
- 남자들이 생애의 좌표를 잃어버린 것은 자만심보다는 내적 공허 때문이다.
- 인간이 된다는 건 부서졌지만 여전히 온전한 존재가 된다는 것임을 아는 것이다.
- 진실성은 부서짐을 삶의 필요 부가결함을 끌어안는다는 뜻이다.
- 인생의 (늦)가을
- 은총, 용서, 무조건적인 사랑, 대화, 개방성
- 더 많은 은총, 더 많은 용서, 더 많은 사랑과 열린 친구들
- 폭력은 고통을 다루는 방법을 알지 못할 때 생기는 것이다.
- 고통은 죽음이 아닌 생명을 가져다주는 무언가로도 변형될 수 있다.
- "매일 죽음을 눈앞에 두라" -성 베네딕트
- 면밀히 들여다보지 않은 삶이 살만한 가치가 없다면, 생기 없는 삶을 들여다볼 가치가 없다.

(이세이) 저는 책 전체 내용을 이해하기 어렵다고 생각해 새로운 주제가 나올때 마다 다른 시각으로 보려고 노력했었는데 "개암나무 가지" 이 부분에서 가장 흥미를 느꼈습니다

아이의 말 한마디로 타인의 삶이 지옥 끝까지 간다 라는 느낌을 받았고 마치 이 책이 저에게 "너는 이런 실수를 하지 말아라"라고 이야기하는 것 같았습니다. 또한 (악마의 시나몬 쿠키)부분에서 실제로 메이킹 피스 건포도 스콘이 있었으면...하는 마음을 상상시키는 책이었습니다. 솔직히 뒷부분은 그다지 큰 기억이 남지 않았지만 앞 부분에 설명하는 책은 정말 흥미진진한? 그런 책이었던 것 같습니다

(허찬) 저도 동감합니다. 새로운 주제가 나올 때 이해가 어려웠지

만, 점점 갈수록 이야기의 장르가 판타지로 바뀌어 가며 흥미가 생겼습니다. 많은 레시피들의 사례들을 들려주지 않아 조금 아쉬웠습니다.

(이민채) 전개가 될수록 더 흥미있는 책이었습니다.

주인공이 몽마로부터 점장을 지켜주는 장면이 주인공이 처음으로 용기를 표현한 장면이라서 인상깊었습니다. 또한 그 장면에서 악몽 속에서 주인공이 성희롱을 하지 않았음에도 선생(엄마)에게 폭행을 당하는데 억울하지만 가만히 맞고 있는 것이 약자가 목소리를 힘겹게 내도 그 목소리를 듣지 않고 귀를 막고 약자는 불이익을 받는 사회와 비슷하게 느꼈습니다.

나. 2차 모임

-날짜 4월 16일

-이민채, 허찬, 이세이, 전종호

-읽은 책 : 달러구트 꿈 백화점(~154쪽)(이미예, 팩토리나인)

1. 각자가 느낀 소감(돌아가면서) 2. 특징적인 표현들 / 자율주행차와 운전하는 차를 비교한 것/ 예지몽에 대한 생각 3. 환타지 소설 등의 특징 4. 줄거리 요약 5. 특별히 배운 것들 /꿈꾸는 사람들이 느끼는 바가 있어야 한다는 생각

다. 3차 모임

-날짜 4월 23일(금)

-이민채, 허찬, 전종호

-읽은 책 : 달러구트 꿈 백화점(154쪽~ 끝)

(전종호) 꿈이라는 가상의 세계를 일상의 세계로 변환하여 마치 꿈 속에서 일상의 세계가 전개되는 것처럼 꾸민 판타지 소설로 우리 일상생활에서 일어나는

공부라는 문제/타인과의 비교/이루려는 직업적 꿈과 절망/할머니, 자녀 등과 사별 등의 문제/반려동물 증가로 인한 꿈 소비/사회적 트렌드 반영/꿈 백화점 직원들의 일 세계를 통한 직업적 관계 파악/반초의 인사말을 통한 삶의 자세에 대한 암시

(이세이) 오늘까지 읽은 부분은 앞 이야기에서 나왔던 직장생활, 그 속에서 일어나는 이야기와 인물의 등장이었다면 뒷부분은 인물들의 관계가 연결되던 상황이 자세히 나와 있던 것 같아요. 뒷부분에서 읽다가 "아늑함"이 병을 가지고 집 가구에 뿌리면 혼자 있어도 아늑하다는 걸 느낀다고 했던 부분이 가장 기억에 남아요 다른 친구들이 보면 사소한 것일 수 있는데 저는 혼자 있는 시간이 많아서 책에 나온 아늑함이 있었으면...하는 여운이 많이 남았던것 같아요. 이 책을 읽으면서 계속 상상하게 되고 내용도 어렵지 않아서 편하게 읽을 수 있었어요.

(허찬) 위저드 베이커리와 비교해서 꿈 백화점은 훨씬 더 깊게 와닿던 책이었습니다. 작가님이 하고 싶었던 이야기와 판타지적인 요소가 합쳐서 책이 훨씬 이해도도 쉽고 재밌게 읽어나갈 수 있었어요. 꿈이

라는 것에 대해 평소에 관심이 많았는데, 꿈을 사고 판다는 내용이 흥미로웠습니다. 시간이 남으면 한 번 더 읽어보고 싶은 정도였어요.

(이민채) 위저드 베이커리는 현실에 판타지 한 스푼 느낌이라면 달러구트 꿈백화점은 판타지에 현실 한 스푼 같은 느낌으로 책을 읽었습니다. 내용과 주제가 참신하고 새로운 소재여서 금방금방 쉽게 글이 읽혔고, 현대인들의 삶과 관련된 내용이 많아서 점점 더 읽고 싶은 책이었습니다. 특히 감정들이 화폐가 된다는 점에서 요즘 시대가 돈과 같은 물질적인 가치도 중요하지만 그만큼 내적인 가치인 감정도 중요해졌다는 것을 생각해보게 됐습니다. 또한 이 책은 읽으면서 굉장히 다양한 감정을 불러 일으켜서 감정적인 풍요로움? 을 느끼게 해주는 책인 것 같습니다

라. 4차 모임
날짜 4월 29일
이민채, 허찬, 이세이, 전종호
읽은 책 : 두루미 구출작전(이희분 외, 구름바다)

(허찬) 두루미 구출작전 - 헤이, 스페셜 보이/ 모든 주제가 전쟁의 아픔을 담아냈지만, 스페셜 보이 부분은 더욱 6.25 전쟁에 대해 생각할 수밖에 없었습니다. 돈을 벌기 위해 '스페샬 사비스'를 외치는 것이 인상 깊었습니다. 군인 빌리와 동식, 스페셜 사이의 관계가 전쟁이 맺어준 인연 같았고, 스페셜이 지뢰를 밟았을 때도 바로 달려와 지뢰에

서 구출해주려고 하는 모습이 감동적이었습니다. 6.25 전쟁과 분단의 아픔을 겪어볼 수 있는 책이어서 좋았고, 꼭 스페셜보이 부분만이 아닌 다른 7개의 이야기도 너무나 좋았습니다.

(이민채) 두루미 구출작전 중 제니/ 두루미 구출작전 속의 여러 동화중에 제니 부분은 저한테 가장 인상 깊었습니다. 일단 첫 번째로 인상깊은 부분은 제니가 아이들 속에서 우위인 듯 행동한 것입니다(백인우월주의). 이 부분에서 아직도 해결되지 않은 인종차별이 드러나서 인종차별은 고질적인 문제라는 생각하게 되었습니다. 그리고 두 번째로 인상깊은 부분은 제니가 엄마를 지켜준다고 한 부분입니다. 저는 이 부분에서 제니가 매우 멋있게 느껴졌습니다. 제가 제니였더라면 엄마가 위안부인 것을 알게 되면 정말 받아들이기 힘들었을 것 같은데 반면에 제니는 바로 받아드리고 엄마를 욕하는 사람에게 돌을 던질 것이라는 것이 정말 멋있고 존경스러웠습니다.

(이세이) 저도 다른 부분과 달리 제니 이야기 부분이 큰 여운을 준 것 같아요. 저와는 정반대인 제니가 조금은 이해가 되지 않지만, 한편으로는 정말 대단하고 부러웠습니다. 어머니를 지켜주겠다는 마음가짐으로만 생각하고 어머니의 위안부라는 소식을 부정적으로 받아들이지 않은 것을 이해하면서 다행이다라고 공감하며 읽었습니다. 책 전체적인 부분에서 전쟁이 일어난 후 벌어진 상황, 전쟁으로 발생한 가슴아픈 이야기를 담아낸 것 또한 너무 감명깊었습니다 (사실 내용이 생각이 잘 안나서 느낀 점 중심으로 썼어요 ㅎㅎㅎ)

마. 5, 6, 7차 모임

-날짜 5월 10일, 14일, 21일

-이민채, 허찬, 이세이, 전종호

-읽은 책 : 회색 인간(김동식, 요다)

바. 8차모임

-날짜 5월 31일

-이민채, 허찬, 이세이, 전종호

-작품 발표. 허찬 콩트 읽고 토론하기

	다음 날, 첫시간 부터 영어 테스트가 있었 같은 반이라 테스트에 집중 못하고 여진이 관심 없던 한 애가 갑자기 신경 쓰이다니. 여진이에게 무언갈 느끼는걸까. 여진이를 눈이 마주쳤다. 깜짝 놀라 눈을 피했지만, 보고 웃으며 찡긋 윙크를 했다. 마음 속 두 시작되었다.

1. 기숙학원 대소동

"위용 위용"
아침부터 긴급벨이 울렸다. 나와 아이들, 선
복도로 뛰쳐나왔다.
"무슨 일이니 또?"
학원에서 제일 예민한 김광현 선생님은 오늘
보였다.
"그게, ..."
복도 중앙에서 남자 아이 둘이 몸싸움이 일어
것이었다.
"어휴.."
김광현 선생님은 짧은 한숨만 내뱉은 채 아이
일으켜 상담실로 데려갔다. 아이들도 별 볼일
다시 각자 방으로 들어갔다.
방에선 에디가 공부를 하고 있었고 타요 역시
있었다.
"너넨 긴급벨 울려도 관심이 없냐"
"뭐, 싸움이 하루 이틀 일어난 것도 아니고, 난
시간에 공부나 더 할래."
으휴, 저 공부쟁이. 맨날 공부만 하고 산데? 하

다음 날, 학원이 발칵 뒤집혔다. 김광현 선

수학책이 사라지고, 그 자리에 발자국이 남

선생님과 아이들이 모두 그 발자국을 구경

발자국의 크기를 재보니 280, 즉 남자 어른

나왔다. 아이들은 큰 충격을 받았고, 선생님

잇지 못했다. 선생님들은 범인을 잡겠다며

어른들의 발 크기를 쟀고, 한 사람이 범인으

바로, 강언수 선생님이었다. 나는 무언가 이

강언수 선생님이 화내는 것을 분명 봤다. 강

선생님은 결국 해고 조치가 내려졌고, 모든

강언수 선생님 자리 곳곳에 있었던 것이다.

이야기를 들어보니, 강언수 선생님이 병원

받은 결과 도벽과 몽유병, 치매가 있다는 것

사건이 끝나고 학원은 다시 평화로운 일상

돌아왔다.

"여진아! 너 오늘 국어 점수 몇 점 맞았어?"

내가 물었다.

그러자 여진이는 힘없이 대답했다.

"... 50점."

무슨 과목이던 90에서 100을 왔다갔다 하

50점을 받았다는 게 이해가 되지 않았다.

"5.. 50점?"

"응. 요즘 내가 생각을 많이 하나봐."

2. 범인을 잡아라

벌써 여름이 다가오고 있다. 여진이와 나의

과일처럼 무르익어갈 즈음, 사건이 생겼다

물건이 하나하나 없어지기 시작한 것이다.

이뿐만이 아니였다.

"누구야!"

깜짝 놀라 밖을 나가보니 우리 학원에서 가

강언수 선생님이 볼이 빨개진 채 씩씩 거리

"누가 내 수업용 노트북 가져갔냐고!"

선생님들도 물건 도난 사건을 알고 있었는

표정을 지었다. 이윽고 교장 선생님이 왔다

"설마, 강언수 선생님 노트북도 사라졌습니

교장 선생님은 얼굴이 붉으락 울그락 해지

소리쳤다.

"당장 범인을 잡으세요!"

그렇게 우리는 서로를 의심하고 관찰했다.

없다보니 아이들은 답답했다.

"이거, 검찰 불러야 해! 아무런 단서도 나오

"에휴, 그러게. 흔적이라도 남기면 모를까.

6장

독서견문록

6장 독서견문록

Ⅰ. 테크놀로지와 교육

「새로운 미래가 온다 」를 읽고

박정은(과학과 교사)

예전에 방송에서 그런 걸 본 적이 있다. '미래에 사라질 직업 순위 best 10!' 요새는 청소도 로봇이 해주고(아직은 미흡하지만), 내 손 안의 개인비서라며 스마트폰 음성 어시스턴트가 기본으로 제공되는 시대이니 청소부나 비서처럼 보조적인 역할을 하는 직업들이 사라질 것이라고 생각했다. 그런데 막상 밝혀진 직업들은 판사, 은행원, 의사 등 독자적인 업무를 맡는 전문직들이었다. 다행스럽게도 교사는 사라질 직업 리스트에 없었지만, 나는 다시 한번 교사의 미래에 대해 생각해보게 되었다. 교사는 미래에 살아남을 수 있을까?

「새로운 미래가 온다」에서 저자 다니엘 핑크는 미래는 지금까지와 다른 재능이 빛을 발하는 시대일 것이라 말한다. 지금까지 최고의 가치로 여겨졌던 지적, 분석적 능력과 냉철함, 카리스마보다는 예술적, 종합적 능력과 공감과 돌봄의 가치가 더욱 빛날 것이라고 말이다. 이들은 얼핏 보면 완전히 반대의 의미를 가진 것처럼 느껴진다. 전자가 좌뇌의 영역이라면 후자는 우뇌의 영역이라고 할 수 있다. 과거에는 좌뇌의 영역만이 중시되고 우뇌적 영역은 괄시받았다면 미래는 다르다. 좌뇌와 우뇌가 모두 발달한 양성적 재능을 가진 사람이 성공하는 시대 즉, 하이컨셉·하이터치(high concept & high touch)시대가 오고 있다. 좌뇌적 재능만 연마하고 발달시켰던 지식 근로자들의 시대는 컴퓨터가 대신하게 되었다. (앞서 말한 판사, 은행원, 의사 모두 지식 근로자적인 면모가 강한 직업이었다.) 저자는 새로운 시대의 인재는 컴퓨터가 대신할 수 없는 우뇌적 재능이 좌뇌와 결합한 사람이라고 말하며 미래 인재의 6가지 조건을 다음과 같이 제시한다. 디자인, 스토리, 조화, 공감, 유희, 의미. 단어만 봐도 과거 어른들이 아이들에게 강조하던 재능들과는 거리가 있어 보인다. 그러나 책을 읽어나가며 나도 모르게 이 조건들에 대해 고개를 끄덕이게 되었다.

우선, 우리는 현재 풍요의 시대에 살고 있다. 이러한 시대에서 우리는 더 이상 물건을 고를 때 기능만 따지지는 않는다. 이제는 지식과 팩트로만 소비자들을 설득할 수 없다. 차별화와 설득을 위해서는 디자인과 스토리가 필요하다. 이 세상이 복잡한 요소들로 이루어져 있기 때문에 우리는 조화의 능력이 필요하고, 인간과 인간 사이 긴밀한 연계를 위한 공감 능력과, 작업의 효율을 높일 수 있는 유희가 필요하다. 더 이상 물질적 부를 축적하는 것이 인생의 목표가 아니라는 것을 알아야 한다. 우리가 살아가는 이유 즉, 삶의 의미를 찾아야 한다. 그것이 미래에 성공할 수 있는 지도가 된다.

교육에서도 마찬가지이다. 예전처럼 아이들을 한 곳에 앉혀두고 칠판에 교사가 아는 모든 지식을 쏟아내며 학생이 집중하며 그 지식들을 흡수하는 것은 더 이상 교육이라 부를 수 없다. 수업도 디자인이 필요하다. 학생들이 듣고 싶은 수업, 참여하고 싶은 수업을 디자인해야 한다. 그리고 그 과정 속에서 학생들 또한 디자인의 중요성을 배워야 한다. 어떤 사람은 기능만 하면 되지 디자인이 굳이 필요한가? 할 수도 있겠다. 그러나 디자인은 미래에 내가 어떤 일을 하게 되더라도 다른 사람들과 차별화되는 하나의 전략이 된다. 이러한 능력을 학교에서부터 길러주어야 미래 인재가 될 수 있을 것이다. 이와 더불어 스토리와 조화는 수업을 매력적으로 만들고 학생들이 배워야 할 요소를 쉽게 익힐 수 있도록 도와준다. 만약 과학 교과에서 학생들이 어려워하는 전기에 대해 배운다고 할 때, 스토리를 접목시켜 학생들이 평소 실생활에서 마주하는 전기와 관련된 일화로 수업을 시작하게 되면 학생들은 조금 더 수월하게 수업에 빠져들게 되고, 자연스럽게 교과 내용을 자신의 삶 속으로 받아들이게 된다. 또한 모든 내용 요소를 교사가 일괄적으로 전달하는 것이 아니라 학생들이 직접 연관성 없어 보이는 것들 사이의 관계를 파악해 연결 짓게 해 보며 조화 능력을 길러주면 더 오래 기억에 남고 이후에 한계에 부딪히더라도 창의적으로 해결할 수 있는 능력이 생긴다. 공감와 유희 또한 중요하다. 아무리 디자인을 잘하고 스토리와 조화를 이용해 수업을 구성한다 해도 공감이 없다면 이는 학생과 교사 사이 간극만 키울 뿐이다. 교사는 좀 더 학생을 이해하고 공감하며 학생의 입장에서 바라보는 연습을 할 필요가 있다. 또한 인간은 딱딱하고 통제된 환경보다는 놀면서 일할 때 그 편안하고 즐거운 환경에서 더 높은 효율을 낸다. 게다가 학생들은 게임을 통해 매우 많은 것들을 배운다. 따라서 우리의 수업도 시대의 흐름에 따라 유희를 즐길 수 있도록 조금은 바뀌어야 할 것이다. 마지막으로, 가장 중요한 조건 하나가 남았다. 바로 의미이다. 이 모든 조건들이 갖춰지더라도 그 의미를 알 수 없다면 신기루와 다를 바 없다. 미래에 학생들이 성공한 삶을 살게 하기 위해서, 그리고 경쟁력 있는 교육을 위해서는 학생들로 하여금 지금 배우고 있는 것이 자신의 삶에 어떤 의미가 있는지 알도록 하는 것이 중요하다.

미래는 아주 빠른 속도로 변하고 있다. 아마 미래의 학교의 모습은 지금과는 다를 것이다. 학교의 많은 부분이 컴퓨터 시스템과 기술로 대체될 수도 있겠다. 다만 우리가 디자인, 스토리, 조화, 공감, 유희, 의미의 6가지 조건을 교육에 적용시키고 학생들이 좌뇌의 영역뿐만 아니라 우뇌의 재능을 계발할 수 있도록 도와주고 이끌어준다면 교사라는 직업은 미래에도 여전히 남아 컴퓨터가 대체할 수 없는 영역에서 미래 인재를 키우는 중대한 역할을 계속해서 해 나갈 것이다.

Ⅱ. 민주주의와 교육

「비통한 자들을 위한 정치학(파커. J. 파머)」을 읽고

최희경(사회과 교사)

우리나라 헌법 제1조 1항에서는 대한민국이 민주공화국임을 명시하고 있다. 곧바로 이어지는 2항은 굳이 이 지면을 할애하여 적지 않아도 모두가 영화 '변호인'의 명대사를 통해 이미 알고 있을 것이다. 소리 내어 읽어보면 후두부 저 뒤편에서 타는 듯한 갈증이 이는 헌법 1조는 광복 이래 민주주의에 대한 거대한 열망을 키워왔던 선배들의 노력을 두 문장으로 꾹꾹 눌러 담은 듯하다. 그러나 이 잠깐의 울렁거림이 생활 속에서도 지속되는가를 묻는다면 솔직하게 답하기 어렵다. 정치를 가르치는 사회과 교사로서 나름의 소명 의식이 없다고 하면 거짓말이겠으나, 정작 누군가가 내게 민주시민으로서 그대가 무엇을 실천하고 있는가를 묻는다면 솔직하게 답하기 어렵다. 공직 선거에 불참하지 않고 참정권을 행사하고 있습니다, 정도일까? 아마 나를 포함한 대부분의 현대인들이 머뭇거리며 답변할 듯하다.

단순한 무관심이라고 말하기에는 또 다른 문제다. 우리는 지난날의 참사와 정부의 부패, 그리고 그에 대항한 시민들의 분노를 기억하고 있다. 촛불 하나를 들고 거리로 쏟아져 나와 결국 헌정 초유의 탄핵 결정까지 이끌어 내지 않았는가. 시곗바늘을 더 거꾸로 돌려본다면 조금 더 명확히 알 수 있다. 당장 내가 이 글을 쓰고 있는 5월 18일이라는 날짜에도 국민이 주인인 나라를 만들기 위한 염원, 그리고 올바른 정치에 대한 소망이 깃들어 있다. 이처럼 시대를 수놓은 민주주의에 대한 열망이 2021년이 되었다고 사그라들었을 리는 없지 않은가. 제대로 된 안전장치 없이 철근에 깔린 청년 노동자, 부의 양극화와 사라져버린 개천 용… 누구나 마음속 한편에는 부조리한 사회 구조적 문제에 저항하며 거리로 뛰쳐나가고 싶은 비통함을 가지고 있다.

문제는 이 비통함을 어떻게 '표출'하는가이다. 대부분의 시민은 분노한다, 결코 무관심하지 않다. 다만 거기에서 그쳐 버린다. 어떻게 해도 바꿀 수 없다고 생각하는 거다. 특히 코로나19의 창궐로 비대면, 개인주의가 만연화된 오늘날에는 정치 문제에 대해서 일개 시민은 아무것도 할 수 없다는 무력감에 사로잡히고 만다. 그래서 우리의 적은 무관심이 아니라 무력감이다.

이 책의 저자는 무력감에서 벗어나 비통함을 표출할 기제로 두 가지를 강조하고 있다. 광장, 그리고 교육이다. '그것을 세우면 그들이 올 것이다.'라는 말은 다소 진부한 말로 들리나, 실제로 그렇게 된다. 서로 다른 사회, 문화적 배경을 가진 시민들이 만나 서로의 삶에서 섞일 수 있는 곳이 광장이다. 그러한 광장에서 시민들은 개인적 문제를 사회적 문제로 환원하고 더 나은 삶을 위한 방법을 모색한다. 즉, 공적인 삶을 위한 공간을 회복하여 우리 사회의 문제를 다룬다는 것이다. 한 사회가 권위주의적 통치체제로 흘러가기 시작할 때 가장 먼저 차단되는 장소가 길거리, 교회, 학교 등 공적인 삶이 영위되는 곳들임을 생각하면, 민주 정치의 시작이 광장임을 더욱 명확히 알 수 있다. 교육 역시 마찬가지이다. 민주 정치의 시작이 광장이라면, 그 시작을 뒷받

침하는 초석이 교육이다. 문제를 공적 공간으로 꺼내려면 무엇이 문제인지부터 인식해야 한다. 내가 처한 부조리한 상황과 부패한 정치구조를 깨닫기 위해서는 조리와 정치가 무엇인지 알아야만 하는 것이다.

그리고 이 모든 것을 실현할 수 있는 공간이 바로 학교이다. 서로 다른 학생들이 모여 민주주의에 대하여 배우게 되고, 그 앎을 실천할 수 있는 광장이 학교가 되는 것이다. 따라서 학교는 커뮤니티의 중심이 되어야 한다. 보다 평등하고, 정직하며, 유의미한 논의와 생각이 창조되는 장소가 되어야 한다.

그러한 학교를 만들기 위해 나는 어떤 교사가 되어야 하는가. 학생을 수험생이 아니라 디자이너로서 바라보며, 수업과 텍스트를 함께 만들어 갈 수 있도록 오픈소스 기술을 활용해야 할 것이다. 우리 사회의 문제를 교실로 초대하여 함께 나누어야 하고, 교실을 아테네 아고라와 같은 공론장으로 만들기 위한 협력적인 분위기를 조성하는 등… 사실 답은 이미 알고 있다. 문제는 현실적으로 구현 가능한가지만.

그래서 나는 여전히 비통하다. 여전히 현실은 거대하고 나가야 할 진도는 방대하며 그 앞에 선 나는 한없이 왜소하다. 때로는 그냥 교과서 속 문제만을 피상적으로 다루고 싶고, 민주주의를 교실로 끌어와야 하는 숙명을 외면하고 싶다. 그래서 이 책을 쓴 저자를 원망하기도 했다. 왜 이런 문제를 던져서 나에게 시련을 주었는가?

하지만 실마리는 언제나 문제를 인식하는 것에서 출발한다. '슬픔도 노여움도 없이 살아가는 자는 조국을 사랑하고 있지 않다.' 의로움이 위협받는 시대라면 언제나 타당한 네크라소프의 시구다. 적어도 나는 슬픔과 노여움, 비통함을 가지고 있지 않은가. 이러한 마음을 연료로 삼아 언젠가는 민주주의라는 거대한 물레방아를 돌리는 하나의 작은 물줄기가 되기를 희망하며 글을 마친다.

Ⅲ. 비교교육학

A. 덴마크의 교육과 직업

「우리도 행복할 수 있을까(오연호)」를 읽고

문주화(사회과 교사)

이 책을 읽고 난 후 덴마크에서의 행복은? 어떤 행복일까? 하는 생각을 했다.

덴마크가 행복지수 조사에서 세계 1위인 이유 중 하나는 어떤 일이 있어도 일정한 기본소득이 보장되기 때문이라고 한다. 덴마크인들은 밥벌이를 위해 하기 싫은 일을 억지로 하지 않는다. 소득 안정성은 선택의 자유를 준다. 지금 자신의 직업이 마음에 들지 않으면 곧 그만둘 수 있는 것이다. 소득 안정성은 내가 하고 싶은 일이 무엇인지 고민하고 찾을 수 있는 여유를 가질 수 있다는 것이다. 그리고 이와 더불어 직업 안정성 또한 매우 높다. 직업 안정성은 한 직장에 오래 다닌 것을 뜻하지 않는다. 매년 덴마크 전체 직장인의 3분의 1가량이 직장을 옮긴다. 평균 근속 기간은 대략 8년으로 평생 6회 정도 직장을 옮긴다. EU 국가 중 가장 높으며, 직장 만족도가 EU, OECD 최상위권이다. 직업 안정성은 선순환 효과를 일으키는데, 덴마크 직장인들은 지금의 직장을 꼭 지켜야 한다는 생각을 하지 않으며, 능력과 실력을 키워서 더 좋은 곳으로 가야겠다고 생각한다. 이런 문화는 경영자로

하여금 사원들의 대우를 개선하여 떠나지 않게 해야겠다는 마음가짐을 갖게 하며, 직장과 업무 환경을 개선하는 선순환 효과가 생긴다는 것이다.

덴마크의 학교는 어떤 인생을 살 것인가를 학생 스스로 찾는 방법을 가르치는 곳이다. 개인의 성적이나 발전보다 협동을 중시하며, 학생과 학부모, 교사, 교장 중 누구도 소외되지 않고 학교 운영이 주인이 된다. 모든 공립학교에서는 7학년까지 점수를 매기는 시험이 없다. 8학년부터 시작되지만, 등수는 매기지 않는다. 9학년에 보는 졸업 시험도 등수는 없으며 단지 학생들의 진로를 조언하는 데 참고용으로 쓰일 뿐이다. 덴마크의 전통적인 교육 방법은 기본적으로 아이들끼리 경쟁시키지 않는 것이다. 학생들은 매우 다양하며 그들을 다 포용해야 한다는 전제에서 출발한다. 교사로서 참기 힘든, 문제아도 이해하고 포용하며 그 아이들도 다닐 수 있는 학교가 되어야 한다는 것이다. 그리고 대학에 다니는 동안 정부에서 등록금과 생활비를 지급한다. 학생들이 돈 걱정 없이 공부에 전념할 수 있도록 하기 위해서이다. 그래야 기회의 균등이 보장된다는 것이다. 이러한 비용은 모두 기성세대가 내는 세금에서 충당한다. 대학 간에 서열 없으며, 명문대와 비명문대의 구별이 없다. 대부분이 국립대학이며, 대학별로 특성화된 학과가 있다. 국립대학들이 서로 역할 분담을 하고 있고 각 대학은 자기의 강점이 분명하기 때문에 서열이 필요 없는 것이다. '나는 무엇을 좋아하고 어떤 일을 하고 싶은가?'가 중요한 대학 선택의 기준이 되는 것이다.

덴마크 사회의 저변에는 달가스 리더십이 존재한다. 달가스는 덴마크의 군인출신 사회 부흥 운동가이다. 히스 지대의 개간작업을 착수하여 황무지에 나무 심기를 거듭한 끝에 땅을 옥토로 바꾸어 놓았고 이 덕에 국민들도 실의에서 벗어날 수 있었다고 한다. 달가스 리더십의 여러 요소가 있지만 제일 눈에 들어왔던 것은 위에서 아래로가 아니라 아래로부터 기운을 모아 '더불어' 해야 성공한다는 것이다. 위에서 일제적으로 어떠한 지시가 내려오고 그것을 수행하며 일을 하는 것이 아니라 아래로부터의 변화라는 것이다. 실제 달가스는 농민들의 마음을 얻어가며 그들과 함께 일을 추진했다고 한다.

어떤 나라이든 덴마크와 같은 행복지수 1위의 나라가 되고 싶을 것이다. 우리나라도 덴마크가 목표로 하고있는 교육관에서 크게 벗어나지 않는다고 생각한다. 하지만 실제 그것이 적용되는 현실에서 차이가 발생한다. 덴마크는 그렇게 변해야 하는 이유를 사회 구성원이 서로 동의하고 실행하여 좋은 결과로 나타났다. 하지만 우리나라를 비롯한 대다수의 나라들은 사회 구성원들이 동의하는 것에서부터 많은 갈등과 문제점들이 나타난다. 물론 덴마크 또한 이런 과정에서 갈등을 겪지 않았을 리 없다. 하지만 갈등 속에서도 덴마크 전통의 협동조합 운동에서 발인하는 협동성과 서로를 신뢰하는 믿음이 있었기에 그 갈등이 길지 않았고, 또 무엇보다 '아래로부터의 변화' 즉 국민 개개인이 변화되어 갔기에 가능한 행복지수 1위의 나라가 아닌가 싶다.

B. 덴마크 방문기

- 교육과 삶과 국가에 대한 반상식(反常識)과 역설

전종호(교장)

가. 동화의 나라로 기억되는 나라

흔히 우리에게 덴마크는 안데르센의 동화의 나라로 기억된다. 어릴 적 「인어공주」나 「미운 오리 새끼」, 「성냥팔이 소녀」 정도 동화를 읽지 않고 자란 사람도 드물 것이다. 그러나 동화의 아름다운 이야기와 다정한 언어 속에 가려진 당시의 가혹한 덴마크 사회의 모습을 상상하는 것은 쉽지 않은 일이다. 누가 「성냥팔이 소녀」를 읽으면서, 성냥을 팔다가 추위 속에서 성냥불에 타 죽는 소녀가 겪는 가난과 계급적 모순을 상상할 수 있으며, 「미운 오리 새끼」를 읽으면서 한 가난한 소년의 입신 과정 속에서 겪는 사회적 차별과 기득권층의 냉대와 불합리한 사회적 선발 과정을 추측할 수 있으랴! 우리는 덴마크를 동화의 나라와 그것도 디즈니 영화관의 스펙트럼으로 이해함으로써 현실과 역사의 덴마크의 참모습을 놓치고 있다.

나. 새마을운동의 버전으로 읽히는 나라

또한 덴마크는 우리나라에서 새마을운동의 원조 국가로 알려져 왔다. 그룬두비와 달가스의 농촌개발운동이 우리나라에서 새마을운동의 전범(典範)으로 소개되면서 거꾸로 우리나라 사람들에게는 덴마크가 '잘 살아보세'로 대변되는 우리나라 새마을운동의 아류로 인식하는 사람도 있다. 그러나 깊히 들여다보면 새마을 운동은 덴마크 농촌부흥 운동의 껍데기만 베낀 것에 불과하다는 것을 알 수 있다. 덴마크의 부흥과 도약, 특히 교육제도를 이해하려 하는 사람에게 있어 그룬두비의 전쟁 후 새로운 사회건설의 소명과 덴마크에서 한 역할과 후과는 전혀 다른 무게로 다가온다. 그룬두비는 나폴레옹과 연합한 덴마크가 독일에게 패전한 이후 새로운 덴마크 건설을 위하여 위대한 정신과 민간의 사회참여를 통한 시민대학(호이폴케스콜레)을 창립하였고, 이러한 정신과 운동은 크리스텐 콜을 통하여 국민교육 운동의 꿈으로, 숀네 욜겐센을 통하여 협동조합 운동의 꿈으로, 안데르센을 통하여 국민정서, 국민 노래 운동의 꿈으로, 니일스 뿍을 통하여 국민체조 운동의 꿈으로, 정치가들을 통하여 민주주의의 꿈으로 거세게 불타오르기 시작하였다.

다. 행복지수 세계 1위의 나라

덴마크는 자타가 공인하는 세계에서 가장 행복한 나라이다. 평균 수명, 성인 문맹률, 취학률, 1인당 GDP 등의 지표를 바탕으로 하는 객관적 지표 측면의 행복도에서도 1순위로 뽑힌 곳이 덴마크이다.

□ 휘게(hygge)

이러한 제도적 측면뿐만 아니라, 덴마크에는 '휘게'라는 독특한 문화 또는 분위기가 있다. 휘게는 한 마디로 무슨 뜻이라고 설명하기가 어렵지만, 삶에 대한 낙관적인 태도에서 기인하는, 일과 사람과 미래에 대한 긍정적인 태도라고 할 수 있다. 사랑하는 가족이나 친구 또는 혼자서 보내는 소박하고 아늑한 시간을 뜻하는 덴마크어로, 덴마크 사람들이 지향하는 여유롭고 소박한 삶의 방식을 뜻한다. 덴마크 사람들의 삶에 대한 태도를 압축하고 있는 말이라 할 수 있겠다. 가족이나 친구 등 가까운 사람들이 모여 양초를 밝힌 따뜻한 분위기에서 식사를 하거나 맥주를 마시면서 여유 있는 시간을 보낼 때 이를 휘게라고 한다. 휘게는 호화스럽거나 화려한 것과는 거리가 멀고, 모든 사람들이 이용할 수 있게 쉽고 간단해야 한다. 휘게 문화는 개인적인 차원에만 그치지 않고 공동체와 국가 차원으로까지 적용된다. 휘게를 느낄 수 있는 넓은 의미의 '집'에 대한 소속감은 국가, 상징, 가치관에 대한 사랑으로도 나타난다(말레네 뤼달, 덴마크 사람들처럼).

□ 에프터스콜레(efterskole)

덴마크 교육제도의 특징의 핵심은 자유라고 할 수 있다. 자유의 정신은 민간이 운영하는 학교뿐만 아니라 국가가 운영하는 학교에도 마찬가지로 적용된다. 그룬드비로 시작된 덴마크 교육철학은 개인 삶의 존중을 바탕으로 공동선을 실현하는 것이다. 개인은 '학교교육'이 아닌, '교육'을 받을 권리를 가지고 있고, 에프터스콜레를 통하여 인생을 설계하거나 폴케호이스콜레를 통해 민주시민으로서의 소양을 기르고 또 다른 직업 훈련에 매진할 수 있다. 에프터스콜레는 방과후학교가 아니라 이른바 인생학교이다. 즉, 한 해 동안 자유롭게 인생을 설계하고 앞으로의 진로를 모색해보는 기회를 주는 것이다. 이는 독립적인 삶을 지향하는 덴마크인들의 욕구를 잘 반영함과 동시에, 제도권 교육이 가지는 각종 제약에서 오는 답답함을 상당부분 완화시켜주는 역할을 한다. 덴마크의 에프터스콜레 제도는 2014년부터 우리나라에 '자유학기제'의 형태로 도입되었다. 여러 가지 제한된 형태로 이루어지고는 있으나, 시험을 없애고 각종 진로 관련 프로그램을 활성화한 것만으로도 커다란 변화라 할 수 있다.

□ 국가의 기능과 역할

덴마크에서 국가는 언뜻 보기에 상반된 역할을 하는 것으로 보인다. 조세 및 복지제도의 운영에 있어서는 강한 국가의 모습을 보이고 있으나, 국민생활의 개입 측면에서는 소극적인 역할은 한다는 뜻이다.

〈덴마크의 소득세〉 덴마크에 거주하는 모든 사람은 전 세계에서 발생한 소득에 대해 개인 소득세를 납부해야 하며, 덴마크에 거주하지 않은 사람은 덴마크 내에서 발생한 소득에 대해서만 개인 소득세를 납부한다. 전 국민은 소득액의 8%를 실업 기금(Labor market contribution), 또 추가로 8%를 건강 보험 기금으로 기본적으로 납부해야 하며, 이외에 소득액에 따라 추가로 국세와 지방세를 납부해야 한다. 2016년 기준 총 소득에서 기본 감면액(4만 4,000덴마크 크로네)과 기타 감면액을 제외한 나머지 소득에 대해 아래와 같은 세율을 적용 받게 되며, 총 세율이 51.95%(교회세, 실업기금 제외)를 초과할 수 없다. 교회세가 0.43~1.40%(평균 0.7%) 인데 이는 의무 사항이 아니고 납부하고 싶은 사람만 납부하면 된다. -코트라 덴마크 사무소

상당한 고율의 조세제도에 의하여 운영되는 복지제도 및 교육제도임에도 각 분야의 개인의 자율성은 충분히 보장된다. 교육의 경우 국가가 국민을 귀속하는 상위개념이 아니라 개인의 삶을 지원하는 서

비스 중 하나로 간주한다.

라. 반상식(反常識)과 역설

우리나라에서는 교육과 복지는 국가적 사무이긴 했지만 실제적으로 개인의 차원에서 해결해야 할 문제이기도 했다. 교육과 복지는 각자도생의 문제였으며, 가족 단위에서 해결해야 할 문제라고 여겼다. 교육과 일자리의 공간은 격심한 경쟁과 서열화의 현장이라고 할 수 있다. 국가는 국민의 신뢰의 대상이 아니라, 감시와 간섭의 대상으로 가까이 하기보다는 멀리 해야 하는 대상으로 인식되었다. 덴마크라고 해서 사회적 문제가 왜 없을까마는 덴마크 사회는 우리 사회의 이러한 여러 가지 문제를 해결할 수 있는 단초를 제공해 준다고 할 수 있다. 우리도 국민적 결단과 정치적 성숙의 기회가 주어진다면, 경쟁교육에서 협동교육으로, 에프터스콜레에서 보는 것처럼 교육에서의 여유와 장기적인 탐색의 기회를 보장하는 방향으로, 국가의 타율적 지배에서 국민의 자유와 자율성을 신장하는 방향으로, 휘게문화를 통한 삶의 여유와 질 추구하는 방향으로 나갈 수 있다는 것을 보여준다고 할 수 있다.

Ⅳ. 교직과 소명

「가르칠 수 있는 용기(파커. J. 파머)」를 읽고

신은지(특수교사)

가르칠 수 있는 용기란 무엇인가?

누군가는, 내가 알고 있는 전공, 학과에 대한 지식을 두려워하지 않고 잘 전달할 수 있는 용기라고 말하고 누군가는 오랜 교직 생활 중에서도 늘 부딪히게 되는 크고 작은 공포를 극복하고 가르침을 계속할 수 있는 용기라고들 말하며, 또 누군가는 학생들로부터 얻게 되는 마음의 상처를 극복하고 가르치려는 마음을 잃지 않는 것이라고 말한다. 그러나 '가르칠 수 있는 용기'라는 그 광범위하고 추상적인 개념, 교육자들마다 자신의 내면적인 어려움을 투사하여 정의하는 그 개념을 무엇 하나라고 단순히 정의할 수는 없을 것이다. 나는 '가르칠 수 있는 용기'라는 책 이름을 보았을 때, 교직 생활에서의 여러 가지 어려움과 함께 어떤 마음가짐으로 극복할 수 있을지에 대한 책이라고 막연하게 생각하였다. 가르친다는 것은 어찌 보면 단순히 학생들에게 지식을 전달하고 그것을 자신의 지식으로 만들 수 있도록 도와주는 것, 그리고 그들이 사회의 구성원으로서 더불어 살아갈 수 있는 인간으로 성장하도록 도와주는 것 그 이상으로 더 많은 의미를 가지고 있는 지도 모른다. 누군가는 학창 시절 진정한 스승을 만나 삶이 송두리째 바뀌는 사람도 있고, 스승을 모델로 삼아 자신의 미래모습을 그리는 이도 있다.

나는 교직생활을 하기로 선택하면서부터 과연 학생들에게 그러한 스승으로 기억될 수 있을까, 내가 그런 가르침을 행할 수 있을까 두려워했다. 때문에 만약 이 책이 교실에서 살아남기 위한 요령과 기술을 말해주는 것이라면 이제 막 교직 생활을 시작한 나에게 이 책이야말로 가장 필요한 내용을 담고 있을 것이라고 생각했다. 그러나 이 책에서는 '무엇을', '어떻게', '왜' 가르칠 것인가에 대한 이야기가 아니라 가르치는 사람은 '누구'인가에 초점을 맞추어야 한다고 주장한다. 이 책은 가르침의 환희와 사랑을 되찾고 또 키울 수 있는가, 어떻게 하면 진정한 교사로서 성장할 수 있는가, 어떻게 하면 우리 안에 깊이 내재한 상호연결성을 바탕으로 가르침과 배움을 지원하는 진리의 커뮤니티를 형성할 수 있는가에 대한 철학적인 반성과 구체적인 사례를 통해 성찰을 이끌어 내고 있다.

나는 이제 막 '가르침'을 행하기 위해 교직 생활을 시작했다. 때문에 책이 진행될수록 등장하는 수많은 철학적이면서도 깊이 있는 내용보다도 1장과 2장에서 말하는 교사의 정체성과 성실성에 관한 내용이 가장 인상 깊었다. 교직은 자아를 가르치는 것이라고들 한다. 때문에 학생들에게 진정한 자아를 가르치는 교육을 행하기 위해서는 교사 본인도 이러한 자아가 확립되어있어야 하며 진정한 가르침은 교사의 정체성과 성실성에서 온다고 말한다. 그러나 교직에 근무하는 연수가 늘어갈수록 부딪히게 되는 갖가지 두려움과 공포로부터 나 자신을 보호하고 싶어질 때 그러한 유혹에 굴복한다면 나의 정체성과 성실성은 위축되고 그때 많은 교사들은 가르치려는 '용기'를 잃게 된다고 설명하고 있다. 그렇다면 내가 나의 정체성과 성실성을 확립하기 위해서는 어떻게 해야 할까, 내가 만약 가르치려는 마음을 잃어버렸을 때 그리고 나의 정체성을 다시 찾고자 할 때에는 어떻게 하여야 할까?

책에서는 내가 만약 가르치려는 마음을 잃어버렸을 때, 그리고 나의 정체성을 다시 찾고자 할 때 우리를 교직으로 밀어붙인 힘들을 재검토해야 한다며 가장 먼저 우리에게 영감을 준 스승을 기억하라고 말한다. 나는 내가 교사가 되고 싶다는 생각을 할 수 있게 해주었던 두 분의 스승님이 생각이 났다. 한 분은 초등학교 시절 선생님이셨는데 최근의 학교 내 생활지도로 각광받는 학급긍정훈육(PSD) 즉 친절하지만 엄격한 선생님이셨다. 선생님께서는 그 시절에 학생들과 함께하는 카페를 개설하고 졸업 이후에도 카페를 통해 소통을 하셨는데, 사실 난 아직도 그 카페에 가입되어있다. 또 한 분은 고등학교 담임선생님이시다. 그분은 아주 열정적이셨던 분으로 기억한다. 지금의 나처럼 처음 교직을 시작하시면서 우리 반 담임을 맡게 되셨는데, 고등학교 2학년임에도 모든 학생들의 학부모님과 직접 대면상담을 하며 우리의 진로를 위해 노력해주셨다. 지금 내가 이 자리에 설 수 있었던 것도 선생님이 나의 진로를 듣고 함께 고민해주셨던 덕분이라는 생각이 든다. 내가 기억하는 선생님들의 이러한 모습은 내가 교직을 선택하고 미래의 내 교직 생활을 그려나가는데 큰 감화를 주었다고 할 수 있다. 정체성을 찾기 위한 방법 두 번째로는 날 매혹시켰던 학과를 떠올려보라고 말한다. 내가 특수교육에 관심을 가지게 된 것은 고등학교 RCY 활동을 하며 방학동안 장애인 주간보호센터에 주기적으로 봉사활동을 나가면서부터였다. 나보다 나이가 어린 장애아동들과 함께하는 것도 그리고 성인 장애인분들과 함께하는 학습활동, 체험학습이 너무 즐겁고 재미있었다. 많은 에피소드들이 있었지만 그 모든 것이 나에겐 새로운 모험이었고 그 상황이 그렇게 즐겁고 재미있을 수가 없었다. 난 그때 내 진로를 결정했다.

나는 이 책을 읽으면서 결국 '가르칠 수 있는 용기'라는 것은 내가 교직 생활을 영위하며 느낄 수 있는 많은 공포와 두려움을 극복하기 위해, 시간이 지나면 익숙해지겠지, 새로운 교수방법을 적용해본다면 괜찮아지겠지, 좀 더 힘과 억압을 보여주면 되겠지, 라는 테크닉(필자는 훌륭한 가르침이란 하나의 테크닉으로 격하되지 않는다고 주장한다.)에 가까운 방안을 생각하기 전에 내 스스로가 바로 서 있어야 한다는 의미라고 생각한다. 내가 이 길을 선택한 이유, 그리고 나의 인품과 과거 경험에 대해 이해하고 나의 정체성과 성실성을 확립하고 있어야만이 내가 가르침에 소홀해지지 않고 나의 교직 생활이 부지불식간에 파괴되는 일을 막을 수 있다는 것이다. 예를 들면 내가 인격적 감화를 받은 나의 스승을 흉내 내고 그들의 정체성을 따라갈 것이 아니라 나 자신의 성품에 적합한 교수방법, 나 자신의 정체성을 가장 잘 드러낼 수 있는 방법을 찾아 나서야 한다는 것이다. 이렇게 생각해보니 '가르칠 수 있는 용기'는 가르침이라는 것을 행하기 위하여 나 자신에게로 달려가는 용기라는 책의 표어가 와 닿는 순간이었다.

책은 때때로 이미 머리로는 알고 있었던 그러나 그것을 실현하기는 어려웠던 그리고 잊고 있었던 것들을 다시 한번 떠올릴 수 있게 해준다. 나의 정체성은 내가 삶을 살아가는 데 있어 가장 중심이 되는 것이고 이는 교직 생활에서도 마찬가지라고 생각한다. 나는 이 책을 읽으면서 나는 나의 정체성을 바로 세울 수 있는 방안을 더 고민해보기로 했다. 내가 가장 먼저 나의 자아를 가르칠 수 있도록.